recettes rapides et légères

maraboutchef

Les mots désignant des produits exotiques peu courants sont expliqués dans le glossaire.

Le régime alimentaire a longtemps été synonyme de privation et d'absence de plaisir. Ce n'est plus vraiment le cas aujourd'hui. Pour ceux ou celles qui n'ont que quelques kilos à perdre ou qui veulent surveiller leur ligne, il est désormais tout à fait possible d'associer gourmandise et diététique. Quelques efforts au quotidien pour rendre plus efficace votre régime, une bonne hygiène de vie, et vous êtes sûr de faire fondre les quelques kilos superflus. Pour vous y aider, nous avons sélectionné plusieurs recettes légères qui ont, en outre, l'avantage d'être assez faciles à préparer, même pour les cuisinières les moins douées. Certaines se concoctent en quelques minutes, d'autres se péparent à l'avance, mais toutes sont simples, originales et appétissantes.

Sommaire

4	Bougez sans y penser Quelques trucs et astuces pour faire de l'exercice toute la journée.	55	Les plats uniques Des recettes nourrissantes et saines pour contrôler son poids.
6	Le petit déjeuner Démarrez en beauté avec un petit déjeuner riche et équilibré.	98	Les tartines Quelques recettes rapides pour combler les petits creux sans faire d'écarts.
24	Sauces et dips De sauces légères pour vous mettre en appétit et oublier les petits creux.	100	Les desserts Des douceurs sucrées à manger avec délice et sans complexe !
26	Sur le pouce Des recettes rapides et légères quand vous n'avez pas beaucoup de temps pour manger.	114	Glossaire
54	Petites faims Des recettes toutes simples pour vous faire patienter avant le repas.	117	Index

Bougez sans y penser

Faire de l'exercice ? Nous en connaissons tous les bienfaits : on se sent mieux après, bouger réduit les risques d'accidents cardiaques et de problèmes de circulation, notre poids est plus facile à contrôler, notre silhouette plus agréable à regarder… Mais de là à sauter le pas…

Régulièrement, le printemps nous retrouve tout plein de bonnes résolutions pour faire du sport. À nous les gymnases et les bassins de natation. Mais on n'aime guère les vestiaires des salles de gym, on n'a pas trop envie de se jeter à l'eau, on ne prend même pas le temps d'une bonne marche dans la campagne. Et puis, avouons-le, le sport, ce n'est pas vraiment notre truc et très vite on s'y rend sans plaisir. Pas de panique : tous les jours, on fait sans s'en rendre compte un peu d'exercice. Voici quelques trucs pour se dépenser plus et mieux sans y penser, en changeant simplement quelques habitudes. Suivez ces quelques conseils et gardez la forme !

À la maison

Le ménage est toujours l'occasion de brûler quelques calories. Mettez à fond un disque de musique entraînante et dépoussiérez en rythme et dans la bonne humeur.

Prenez le temps de mélanger, battre et fouetter les ingrédients à la main plutôt qu'au mixeur ; c'est un bon exercice pour les muscles de la main et du bras, et ça défoule !

Soyez moins organisés qu'à votre habitude : pour mettre la table, faites un premier tour pour les fourchettes, un autre pour les couteaux, un autre encore pour les verres, et ainsi de suite. Variez en marchant sur la pointe des pieds, en vous accroupissant, en sautant à cloche-pied… Avec un peu de chance, vos enfants auront soudain très envie de vous aider.

À chaque fois que vous devez saisir un objet en hauteur (prendre la boîte de petits pois tout en haut du

placard, décrochez le linge sur le séchoir), dressez-vous sur la pointe des pieds et étirez vos bras. Profitez-en pour respirer à fond.

Séance de télévision : faites des cercles jambes tendues, même chose avec les bras. Cachez la télécommande et levez-vous pour changer de chaîne ou baisser le son. Pendant les publicités, marchez et étirez-vous.

Au lieu d'inviter vos amis autour d'un thé, proposez-leur un tour du parc de votre quartier ; cela ne vous empêchera pas de discuter, et vous découvrirez sans doute des endroits charmants.

Les courses

Garez-vous loin sur le parking et marchez jusqu'au supermarché.

Allez remettre votre Caddie le plus loin possible de votre voiture.

Prenez l'escalier plutôt que l'ascenseur ou l'escalator.

Si vous habitez en ville, emmenez vos enfants à pied à leurs activités en choisissant un itinéraire agréable : un quart d'heure de marche n'a jamais fait de mal à personne et c'est l'occasion d'une jolie complicité sans stress et en flânant.

Au bureau

Descendez du bus un arrêt avant votre arrêt habituel et faites le reste du trajet à pied.

Descendez de l'ascenseur un étage avant le vôtre et montez à pied. Vous aurez vite envie d'augmenter le nombre d'étages à pied : soyez-en fière.

Laissez des chaussures confortables au bureau et allez vous promener dans un parc pendant la pause déjeuner.

Allez faire du lèche-vitrines, cela vous fera marcher un peu sans rien vous coûter, sauf quelques calories !

Dépassez la boulangerie du coin dans laquelle vous achetez votre sandwich tous les jours, et partez à la découverte d'autres endroits pour manger.

Mettez votre corbeille à papiers à l'autre bout de votre bureau et levez-vous quand vous avez quelque chose à jeter… en résistant à l'envie de vous prendre pour un basketteur !

Dans votre voiture

Mettez la radio et tapez des mains en rythme sur le volant.

Si vous roulez en automatique, faites des petits cercles avec votre jambe gauche ou tapez du pied en rythme.

À chaque feu rouge, profitez-en pour faire quelques exercices en poussant ou tirant le volant, ou en agrippant le volant puis en relâchant les mains.

N'en faites pas une montagne !

On a longtemps cru qu'il fallait faire de la gymnastique intensive au moins une demi-heure trois ou quatre fois par semaine. Oubliez ces calculs culpabilisants et contentez-vous de quelques exercices de dix minutes par-ci par-là dans la journée : au bout du compte, vous atteindrez la demi-heure quotidienne qui contribue à votre bonne forme. Et pas question de vous épuiser : il suffit que votre respiration soit un peu plus appuyée que la normale, l'effort sera suffisant. Pas besoin non plus de se mettre en jogging ou d'enfiler des caleçons de cycliste : balayer ou jardiner pendant une demi-heure permet de brûler 350 kJ. Faites le calcul : un coup de balai ou de râteau quotidien vous ferait perdre 124 000 kJ par an, ce qui équivaut à 3 kg de graisse ! Alors à votre jardin !

Le petit déjeuner

Mariez cocktails de fruits frais et préparations plus consistantes pour faire du petit déjeuner un moment agréable qui vous permettra de démarrer du bon pied.

Crêpes au sarrasin et bananes caramélisées

Pour 4 personnes.

PRÉPARATION 10 MINUTES • CUISSON 20 MINUTES

35 g de farine à levure incorporée
35 g de farine de sarrasin
1 c. s. de sucre en poudre
1/2 c. c. de cannelle en poudre
1 œuf
180 ml de lait écrémé
20 g de beurre
50 g de sucre brun
4 bananes moyennes en grosses rondelles
2 c. s. d'eau

1 Dans un saladier moyen, mélangez les deux farines, le sucre et la cannelle ; ajoutez petit à petit les œufs et le lait en battant le mélange jusqu'à ce qu'il soit homogène. Couvrez et laissez reposer au frais pendant 30 minutes.

2 Pendant ce temps, faites fondre le beurre dans une grande poêle ; versez le sucre brun et faites cuire à feu doux jusqu'à ce qu'il soit fondu. Ajoutez les rondelles de banane et l'eau ; faites cuire sans couvrir en remuant de temps à autre, pendant 2 minutes environ, jusqu'à ce que les bananes soient caramélisées.

3 Dans une poêle antiadhésive, versez un quart de la pâte ; faites cuire jusqu'à ce que la crêpe soit dorée sur les deux faces. Répétez l'opération avec le reste de pâte. Couvrez les crêpes pour qu'elles restent bien chaudes.

4 Au moment de servir, coupez chaque crêpe en deux, disposez une moitié sur une assiette, garnissez de rondelles de banane caramélisées et recouvrez avec l'autre moitié ; décorez avec le reste de caramel.

Par portion lipides 6,1 g ; 1 285 kJ

Suggestion de présentation Vous pouvez également servir ces crêpes en dessert.

Les astuces du chef

À la place des bananes, garnissez les crêpes de fraises fraîches.

Juste avant de servir, saupoudrez légèrement les crêpes de sucre glace.

Salade de fruits et yaourt au miel

Pour 4 personnes.

PRÉPARATION 15 MINUTES

Remercions les Grecs d'avoir inventé la combinaison sublime du yaourt et du miel, et le soleil de nous offrir des fruits aussi sucrés que l'ananas et le cantaloup. Pour cette recette, achetez des fruits de petite taille. La pulpe de fruits de la passion (deux suffisent) agrémente délicieusement les salades de fruits.

210 g de yaourt maigre
2 c. s. de miel
200 g d'ananas pelé et grossièrement haché
200 g de melon cantaloup pelé, épépiné et grossièrement haché
250 g de fraises coupées en deux
250 g de myrtilles
1 grosse banane (230 g) en tranches fines
2 c. s. de fruits de la passion
2 c. c. de jus de citron vert
12 feuilles de menthe fraîche

1 Dans un petit saladier, mélangez le yaourt et le miel.
2 Juste avant de servir, coupez tous les fruits dans un grand saladier ; accompagnez de yaourt au miel.

Par portion lipides 2 g ; 749 kJ

LES ASTUCES DU CHEF

Le jus de citron vert rehausse les saveurs de tous les fruits et empêche la banane de noircir.

Vous pouvez préparer le yaourt au miel la veille et le conserver couvert au réfrigérateur.

Ananas frappé à la menthe fraîche

Pour 4 personnes (1,5 litre).

PRÉPARATION 20 MINUTES

- **1 gros ananas (2 kg) épluché et grossièrement haché**
- **40 cubes de glace, pilés**
- **1 c. s. de menthe fraîche finement ciselée**

1. Mixez l'ananas pour obtenir un coulis ; versez dans un grand pichet.
2. Ajoutez la menthe et la glace ; remuez et versez dans des verres.

Par portion lipides 0,3 g ; 412 kJ

L'astuce du chef

Vous pouvez mixer l'ananas plusieurs heures à l'avance (le soir pour le lendemain par exemple) ; dans ce cas, couvrez et conservez au réfrigérateur.

Fruits rouges frappés

Pour 4 personnes (880 ml).

PRÉPARATION 10 MINUTES

Vous pouvez utiliser des fruits rouges frais ou surgelés. Essayez tous les mélanges possibles en choisissant les fruits que vous adorez, rien que pour le plaisir de se faire plaisir…

- **300 g de myrtilles**
- **250 g de framboises**
- **40 cubes de glace, pilés**
- **125 ml de jus d'orange fraîchement pressé**

1. Mixez les fruits rouges en coulis, puis passez la pulpe des fruits à travers un tamis ; jetez les graines et les résidus.
2. Ajoutez le jus d'orange et la glace pilée, mélangez et servez.

Par portion lipides 0,4 g ; 293 kJ

L'ASTUCE DU CHEF
Si le mélange est trop acide, adoucissez-le avec un peu de miel ou de sucre.

Omelette aux champignons et au persil

Pour 4 personnes.

PRÉPARATION 10 MINUTES • CUISSON 10 MINUTES

4 œufs légèrement battus

6 blancs d'œufs

500 g de champignons de Paris bruns, émincés

3 c. s. de persil à feuilles plates grossièrement ciselé

1 Fouettez les œufs et les blancs dans un saladier moyen.

2 Faites chauffer une poêle antiadhésive de 20 cm de diamètre et faites cuire les champignons jusqu'à ce qu'ils soient tendres. Réservez dans un petit saladier, avec le persil.

3 Remettez la poêle sur le feu et versez un quart des œufs dedans ; faites cuire à feu moyen en inclinant de temps à autre la poêle ; l'omelette doit rester légèrement baveuse. Garnissez une moitié de l'omelette du mélange champignon-persil ; repliez l'omelette en deux et faites-la glisser sur une assiette. Répétez l'opération avec le reste d'œuf et de champignons, de manière à obtenir 4 omelettes individuelles.

Par portion lipides 5,6 g ; 527 kJ

Suggestion de présentation Accompagnez d'épaisses tranches de pain de campagne.

L'ASTUCE DU CHEF
Vous pouvez remplacer le persil par du basilic.

Nectar de banane

Pour 4 personnes (1 litre).

50 cl de lait écrémé
2 bananes moyennes (400 g), grossièrement tranchées
140 g de yaourt maigre
1 c. s. de miel
1 c. s. de germe de blé
½ c. c. de cannelle en poudre

Mixez tous les ingrédients dans un bol mélangeur jusqu'à obtention d'une préparation homogène.

Par portion lipides 0,9 g ; 633 kJ

L'ASTUCE DU CHEF

Pour obtenir un nectar plus épais, utilisez des bananes surgelées ou rajoutez de la glace au moment de mixer.

Porridge à la compote de pommes

Pour 4 personnes.

PRÉPARATION 10 MINUTES • CUISSON 10 MINUTES

L'association pomme-cannelle agrémente ce porridge traditionnel d'une délicate saveur sucrée.

2 pommes moyennes (300 g)
55 g de sucre en poudre
1/2 c. c. de cannelle
60 ml d'eau
8 abricots secs
1 c. s. de raisins secs blonds
90 g de flocons d'avoine
250 ml de lait écrémé
375 ml d'eau bouillante
2 c. s. de sucre brun

1 Pelez et épépinez les pommes ; coupez-les en grosses tranches et placez-les dans une casserole moyenne avec le sucre en poudre et 60 ml d'eau. Faites cuire à feu doux en remuant jusqu'à ce que le sucre soit fondu. Amenez à ébullition puis réduisez le feu ; laissez frémir à couvert pendant 5 minutes. Ajoutez les abricots et les raisins secs et laissez frémir sans couvercle pendant encore 5 minutes, jusqu'à ce que les pommes soient tendres.

2 Dans une autre casserole, versez les flocons d'avoine, le lait et l'eau bouillante ; portez à ébullition ; réduisez le feu et laissez frémir sans couvrir pendant 5 minutes environ ou jusqu'à ce que le mélange épaississe.

3 Servez les flocons d'avoine garnis de compote de pommes ; saupoudrez de sucre brun.

Par portion lipides 2,1 g ; 1 019 kJ

L'ASTUCE DU CHEF

Vous pouvez remplacer les abricots secs par des pruneaux, des pêches ou des poires sèches.

Muffins à la mangue grillée et à la ricotta

Pour 4 personnes.

PRÉPARATION 10 MINUTES • CUISSON 5 MINUTES

> **200 g de ricotta allégée**
> **210 g de yaourt maigre aux fruits exotiques**
> **2 petites mangues (600 g)**
> **2 muffins**
> **2 c. s. de pulpe de fruits de la passion**

1. Dans un saladier moyen, fouettez la ricotta et le yaourt jusqu'à ce que le mélange soit crémeux.
2. Découpez les mangues en deux, ôtez la peau et coupez chaque partie en deux.
3. Sur une plaque bien huilée, faites griller les quartiers de mangue jusqu'à ce qu'ils soient dorés des deux côtés.
4. Au moment de servir, coupez les muffins en deux et passez-les au grille-pain ou au four. Posez une moitié de muffin sur chaque assiette et garnissez du mélange à la ricotta puis des morceaux de mangue. Assaisonnez avec la pulpe de fruits de la passion.

Par portion lipides 5,2 g ; 1 030 kJ

Suggestion de présentation Si les mangues sont trop acides, sucrez avec un peu de sirop d'érable.

L'ASTUCE DU CHEF

Si vous avez du mal à trouver des mangues bien mûres, remplacez-les par de l'ananas.

Passion pamplemousse

Pour 1 litre.

PRÉPARATION 10 MINUTES

Un mélange de vitamines C qui vous boostera pour la journée ! Originaires du Brésil, les fruits de la passion ont été baptisés ainsi par les jésuites, qui voyaient dans la fleur une image de la crucifixion et de la couronne d'épines. Pour obtenir 50 cl de pulpe, vous avez besoin de 24 fruits de la passion.

4 pamplemousses roses moyens (1,7 kg), épluchés et grossièrement hachés
300 g de framboises
50 cl de pulpe de fruits de la passion
1 c. c. de sucre

1 Pressez les pamplemousses.
2 Passez les autres fruits au bol mélangeur, ajoutez le jus de pamplemousse et le sucre.

Par portion lipides 1,2 g ; 843 kJ

LES ASTUCES DU CHEF

Il est préférable de presser les agrumes plutôt que de les passer au bol mélangeur ou à la centrifugeuse, car la peau des quartiers rendrait le jus amer.

Pour obtenir une saveur plus douce, remplacez le pamplemousse par des oranges ou des mandarines.

Délice tropical

Pour 1 litre.

PRÉPARATION 10 MINUTES

1 petit ananas (800 g) pelé et haché grossièrement
4 pommes moyennes (600 g) hachées grossièrement
2 oranges moyennes (480 g) pelées et pressées

Passez l'ananas et les pommes à la centrifugeuse ; ajoutez le jus d'orange. Mélangez.

Par portion lipides 0,3 g ; 512 kJ

Melon mania

Pour 1 litre.

PRÉPARATION 10 MINUTES

Ce mélange rafraîchissant vous comblera des parfums fruités de l'été.

600 g de cantaloup pelé, épépiné et coupé en morceaux
600 g de melon jaune pelé, épépiné et coupé en morceaux
1 kg de pastèque pelée, épépinée et coupée en morceaux
250 g de fraises lavées et coupées en deux

Passez tous les fruits à la centrifugeuse ou dans un bol mélangeur.

Par portion lipides 1,1 g ; 603 kJ

L'ASTUCE DU CHEF

Mettez les morceaux de fruits à refroidir au réfrigérateur avant d'en faire du jus, leurs saveurs n'en seront que plus affirmées.

Jus de légumes

Pour 1 litre.

PRÉPARATION 10 MINUTES

2 betteraves moyennes (600 g) épluchées et coupées en morceaux
3 branches de céleri (225 g) épluchées
3 carottes moyennes (360 g) brossées et coupées en deux
2 petites pommes (260 g) coupées en morceaux
jus et pulpe de 2 oranges moyennes (480 g)

Passez les légumes et les pommes à la centrifugeuse ; ajoutez le jus et la pulpe des 2 oranges. Mélangez.

Par portion lipides 0,4 g ; 579 kJ

L'ASTUCE DU CHEF

Vous pouvez remplacer le jus d'orange par du jus de pamplemousse frais.

Si vous ne possédez pas de centrifugeuse, utilisez un mixeur, puis passez le mélange à l'aide d'une passoire fine.

Jus de fruits

Muesli allégé

Pour 1,5 kg.

PRÉPARATION 10 MINUTES • CUISSON 30 MINUTES

Le mot muesli signifie « mélange » en allemand. Il s'agit d'un mélange de céréales et de fruits secs qui permet de faire un plein de vitamines pour commencer la journée. On trouve facilement du muesli tout prêt dans le commerce, mais si vous le préparez vous-même, vous pouvez choisir les ingrédients que vous préférez et adapter la recette selon vos goûts.

- **180 g de flocons d'avoine**
- **100 g de flocons de blé complet**
- **60 g de son**
- **130 g de flocons d'orge**
- **140 g de flocons de soja**
- **60 g de flocons de riz**
- **65 g de flocons de seigle**
- **60 ml d'huile de noix ou de noisettes**
- **175 g de miel**
- **55 g de graines de courge**
- **2 c. s. de graines de lin**
- **2 c. s. de graines de tournesol**
- **150 g d'abricots secs grossièrement hachés**
- **90 g de pommes séchées grossièrement hachées**
- **160 g de dattes dénoyautées et grossièrement hachées**
- **160 g de raisins blonds**

1 Préchauffez le four à température moyenne.
2 Dans un grand plat allant au four, mélangez les céréales, le miel et l'huile ; étalez le mélange. Faites griller sans couvrir à four moyen pendant 30 minutes environ, jusqu'à ce que les flocons soient légèrement dorés, en remuant au moins trois fois. Laissez refroidir pendant 10 minutes et ajoutez le reste des ingrédients.

Par portion (60 g) lipides 7,2 g ; 973 kJ

Suggestion de présentation Servez avec du lait écrémé et des fruits frais (pêches, fruits rouges…).

L'astuce du chef
Ce muesli se conserve jusqu'à 3 mois au réfrigérateur, dans une boîte hermétique.

Lassi aux fruits tropicaux

Pour 1 litre.

PRÉPARATION 15 MINUTES

Le lassi est une boisson indienne à base de yaourt ou de petit-lait. Dans cette recette vous n'aurez besoin que de 100 g d'ananas et de melon, : achetez des petits fruits et utilisez le reste en salade de fruits.

280 g de yaourt maigre
125 ml d'eau
100 g de melon cantaloup pelé, épépiné et grossièrement haché
100 g d'ananas épluché et grossièrement haché
100 g de fraises coupées en deux
1 c. s. de sucre en poudre
6 cubes de glace

Passez tous les ingrédients au bol mélangeur jusqu'à obtenir un mélange onctueux.

Par portion
(250 ml) lipides 1,4 g ; 487 kJ

L'ASTUCE DU CHEF

Variez le mélange de fruits selon la saison et en tenant compte de vos propres goûts.

Muffins

PRÉPARATION 15 MINUTES • CUISSON 30 MINUTES

Pour choyer des amis qui dorment chez vous, sortez des muffins tout chauds du four, avec une pâte préparée la veille.

100 g d'abricots secs grossièrement hachés

95 g de figues sèches grossièrement hachées

95 g de céréales All-Bran

375 ml de lait écrémé

250 g de sucre brun

1 c. s. de sirop de sucre

185 g de farine à levure incorporée

60 g de noix de pécan grossièrement hachées

1 Dans un grand saladier, mélangez les abricots, les figues, les céréales, le lait, le sucre et le sirop. Couvrez ; réservez au réfrigérateur toute la nuit.

2 Le lendemain matin, préchauffez le four à température moyenne. Huilez un moule à muffins (4 trous).

3 Ajoutez la farine et les noix de pécan au mélange. À l'aide d'une cuillère, remplissez les moules ; faites cuire 30 minutes environ à four moyen. Servez les muffins chauds ou froids.

Par muffin lipides 11,1 g ; 2 941 kJ

Suggestion de présentation
Servez avec des confitures ou des compotes maison, ou encore garni d'abricots secs ; vous pouvez saupoudrer les muffins de sucre glace.

L'astuce du chef
Ces muffins se conservent jusqu'à 2 mois au congélateur.

Rösti au jambon et aux tomates cerises

Pour 4 personnes.

PRÉPARATION 15 MINUTES • CUISSON 25 MINUTES

200 g de jambon dégraissé
4 grosses pommes de terre (1,2 kg) grossièrement râpées
1 blanc d'œuf légèrement battu
huile pour la poêle
200 g de tomates cerises
2 ciboules, épluchés et grossièrement hachés

1. Préchauffez le four à haute température.
2. Sur la plaque du four, faites cuire le jambon, sans couvrir, jusqu'à ce qu'il soit légèrement doré.
3. Pendant ce temps, dans un grand saladier, mélangez les pommes de terre râpées et le blanc d'œuf ; divisez en quatre parts. Huilez légèrement une grande poêle antiadhésive ; faites cuire une part du mélange de pommes de terre en appuyant dessus de manière à former une petite crêpe ; faites dorer sur les deux faces. Répétez l'opération ; réservez les rösti au chaud.
4. Faites revenir les tomates dans la même poêle jusqu'à ce qu'elles soient légèrement fondantes. Servez les rösti garnis de jambon, de tomates et de ciboules.

Par portion lipides 2,9 g ; 1 121 kJ

L'ASTUCE DU CHEF

Vous pouvez accompagner ces rösti de jeunes pousses d'épinards que vous aurez fait revenir rapidement dans un peu de beurre.

Sauces et dips

Ces sauces accompagneront légèrement des crackers, du pain pita ou des chips de bagel et calmeront votre faim sans vous faire prendre des kilos.

Ricotta aux herbes

Pour 300 ml.

PRÉPARATION 15 MINUTES

- 2 c. s. de lait écrémé
- 150 g de fromage blanc maigre
- 100 g de ricotta maigre
- 2 gousses d'ail coupées en quatre
- 2 c. s. de jus de citron
- 1 c. s. de ciboule fraîche grossièrement ciselée
- 1 c. s. de persil plat grossièrement ciselé
- 1 c. s. de thym frais grossièrement ciselé
- 1 c. s. de câpres grossièrement hachées

Mixez ensemble le lait, les fromages, l'ail et le jus de citron. Ajoutez les herbes et les câpres.

Par cuillerée à soupe lipides 2,3 g ; 124 kJ

Suggestion de présentation Servez avec des bâtonnets de légumes, des crackers ou de la baguette grillée.

L'ASTUCE DU CHEF

Cette sauce peut se préparer 3 heures à l'avance (réservez au frais en attendant de servir). Vous pouvez également réaliser le mélange des fromages la veille et ajouter les herbes et les câpres au dernier moment.

Salsa de tomates

Pour 500 ml.

PRÉPARATION 15 MINUTES

- 3 tomates moyennes (570 g) épépinées et finement hachées
- 1 petit avocat (200 g) finement haché
- 1 oignon rouge moyen (170 g) finement haché
- 2 piments rouges épépinés et finement hachés
- 2 c. s. de feuilles de coriandre fraîche grossièrement ciselées
- 130 g de maïs en boîte rincé et égoutté
- 1 c. s. de jus de citron

Mélangez tous les ingrédients dans un saladier moyen.

Par cuillerée à soupe lipides 1,4 g ; 81 kJ

Suggestion de présentation Accompagnez de tortillas chaudes coupées en quatre ou de chips de maïs.

Sauce au piment

Pour 300 ml.

PRÉPARATION 5 MINUTES

- 250 g de fromage blanc maigre
- 60 ml de sauce chili doux
- 1 c. s. de feuilles de coriandre fraîche grossièrement ciselées

Dans un petit saladier, versez tous les ingrédients et mélangez bien.

Par cuillerée à soupe lipides 2,9 g ; 153 kJ

Suggestion de présentation Accompagnez de crackers ou de bâtonnets de légumes.

Sur le pouce

Qu'il s'agisse d'un déjeuner ou d'un dîner rapide, entre deux rendez-vous, cet éventail de soupes, sandwichs, salades ou légumes sautés vous séduiront certainement sans vous culpabiliser.

Soupe de légumes aux lentilles rouges

Pour 6 personnes.

PRÉPARATION 5 MINUTES • CUISSON 25 MINUTES

Les lentilles sont une formidable source de protéines, de fibres et de vitamine B. Comme le dit un proverbe hindou : « Le riz est bon, mais les lentilles sont ma vie. »

- **2 c. s. de pâte de curry**
- **400 g de tomates en boîte**
- **750 ml de bouillon de poule**
- **1 grosse carotte (180 g) en petits cubes**
- **1 pomme de terre moyenne (200 g) en petits cubes**
- **1 grosse courgette (150 g) en petits cubes**
- **150 g de lentilles rouges**
- **60 g de petits pois surgelés**
- **80 ml de lait de coco allégé**
- **2 c. s. de feuilles de coriandre fraîche grossièrement ciselées**

1 Dans une grande casserole, faites revenir pendant 1 minute la pâte de curry en remuant sans cesse, jusqu'à ce que les épices embaument. Ajoutez les tomates hachées avec leur jus, le bouillon et les légumes ; portez à ébullition. Réduisez le feu et laissez frémir, à couvert, pendant 5 minutes.

2 Ajoutez les lentilles et portez à nouveau à ébullition. Baissez le feu et laissez frémir, sans couvrir, pendant 10 minutes (les lentilles doivent être à peine cuites). Ajoutez les petits pois, portez à ébullition, baissez le feu et laissez frémir sans couvrir jusqu'à ce que les petits pois soient tendres.

3 Retirez la soupe du feu ; ajoutez le lait de noix de coco et la coriandre fraîche.

Par portion lipides 4,4 g ; 696 kJ

Suggestion de présentation Servez avec des pappadums cuits au micro-ondes et un petit bol de raïta (mélange de concombre râpé et de yaourt).

L'ASTUCE DU CHEF

Vous pouvez utiliser une pâte de curry forte ou ajouter un peu de piment haché à la préparation.

Soupe de nouilles au poulet

Pour 4 personnes.

PRÉPARATION 15 MINUTES • CUISSON 25 MINUTES

1,5 l de bouillon de poule

0,5 l d'eau

50 g de gingembre frais finement émincé

350 g de blancs de poulet

500 g de nouilles de riz fraîches

60 ml de jus de citron vert

1 c. s. de sauce nuoc mâm

4 ciboules grossièrement hachées

2 piments rouges épépinés et finement émincés

2 c. s. de feuilles de coriandre fraîche grossièrement ciselées

80 g de pousses de soja

1 Dans une grande casserole, faites bouillir le bouillon de poule, l'eau et le gingembre. Ajoutez les blancs de poulet, portez de nouveau à ébullition, puis baissez le feu ; laissez frémir à couvert pendant 15 minutes, jusqu'à ce que le poulet soit cuit. Retirez les morceaux de viande, laissez-les refroidir pendant 10 minutes, puis coupez-les en grosses lanières.

2 Portez à nouveau le bouillon à ébullition ; ajoutez les nouilles, le jus de citron et la sauce nuoc mâm. Réduisez le feu et laissez frémir en remuant sans cesse, jusqu'à ce que les nouilles soient cuites.

3 Ajoutez le poulet ainsi que le reste des ingrédients ; remuez pour bien mélanger et réchauffez délicatement.

Par portion lipides 7,4 g ; 1 711 kJ

Suggestion de présentation Garnissez de rondelles de citron vert et finissez ce repas léger par une coupe de fruits exotiques.

LES ASTUCES DU CHEF

Vous pouvez également ajouter, en fin de cuisson, du chou chinois ou des pousses d'épinards. Hachez grossièrement ces légumes

Si vous ne trouvez pas de nouilles de riz fraîches, utilisez des nouilles de riz sèches, que vous ferez tremper 5 minutes dans l'eau bouillante, avant de les égoutter et de les ajouter au bouillon.

Soupe de pommes de terre, poireaux et petits pois

Pour 4 personnes.

PRÉPARATION 10 MINUTES • CUISSON 30 MINUTES

Les poireaux et les pommes de terre forment une base idéale pour les soupes d'hiver. Lavez très soigneusement les poireaux pour ôter tout le sable infiltré entre les feuilles.

750 ml de bouillon de poule

2 poireaux moyens (700 g) émincés

1 gousse d'ail écrasée

2 pommes de terre moyennes (400 g) en morceaux

500 g de pois surgelés

700 ml d'eau

2 c. s. de menthe fraîche finement ciselée

1 Dans une grande casserole, faites chauffer 2 cuillerées à soupe de bouillon, ajoutez les poireaux et l'ail ; faites revenir 10 minutes en remuant sans cesse, jusqu'à ce que les poireaux soient fondants.

2 Ajoutez le reste du bouillon, les pommes de terre, les petits pois et l'eau ; portez à ébullition. Baissez le feu et laissez frémir à couvert pendant 15 minutes, jusqu'à ce que les légumes soient tendres. Faites refroidir 10 minutes.

3 Mixez la soupe, en plusieurs fois, afin d'obtenir une consistance veloutée.

4 Réchauffez la soupe et ajoutez la menthe au moment de servir.

Par portion lipides 1,8 g ; 822 kJ

Suggestion de présentation Accompagnez cette soupe de scones aux herbes.

Nouilles sautées au bœuf

Pour 4 personnes.

PRÉPARATION 15 MINUTES • CUISSON 20 MINUTES

250 g de nouilles de riz
2 c. c. huile d'arachide
500 g de bœuf à braiser coupé en tranches fines
1 gousse d'ail écrasée
1 c. s. de citronnelle finement ciselée
2 piments rouges épépinés et finement émincés
80 ml de jus de citron vert
1 c. s. de sauce nuoc mâm
100 g de roquette
80 g de pousses de soja
4 c. s. de feuilles de coriandre fraîche
4 c. s. de feuilles de menthe fraîche
3 ciboules finement émincées
1 petit concombre (130 g) épépiné et finement émincé

1 Dans un grand saladier, mettez les nouilles de riz et recouvrez-les d'eau bouillante ; laissez gonfler 5 minutes, puis égouttez et réservez.

2 Dans un wok ou une grande sauteuse, faites chauffer la moitié de l'huile ; faites revenir le bœuf en plusieurs fois, jusqu'à ce que les tranches soient dorées.

3 Faites chauffer le reste d'huile dans le wok et faites revenir l'ail, la citronnelle et le piment. Ajoutez le bœuf, le jus de citron vert et la sauce nuoc mâm, prolongez la cuisson jusqu'à ce que le mélange soit bien chaud. Ajoutez alors les nouilles, faites-les revenir rapidement, puis incorporez le reste des ingrédients. Mélangez bien sur le feu et servez aussitôt.

Par portion lipides 9,5 g ; 1 534 kJ

Suggestion de présentation Disposez sur la table une coupelle avec des quartiers de citron vert et un bol de piment finement émincé, afin que vos invités assaisonnent la soupe à leur goût.

L'ASTUCE DU CHEF
Vous pouvez remplacer la roquette par des jeunes pousses d'épinards.

Sandwich chaud au bœuf

Pour 4 personnes.

PRÉPARATION 15 MINUTES • CUISSON 15 MINUTES

Le mesclun est un mélange de pousses de salades variées ; vous pouvez le remplacer par de la laitue.

- **2 petits poireaux (400 g) émincés**
- **1 c. s. de sucre brun**
- **60 ml de vin blanc sec**
- **1 c. s. de moutarde à l'ancienne**
- **2 courgettes moyennes (240 g) émincées**
- **2 mini-aubergines (120 g) émincées**
- **2 tomates moyennes (380 g) en grosses tranches**
- **4 steaks de bœuf de 100 g chacun**
- **8 tranches de pain blanc**
- **50 g de mesclun**

1 Dans une sauteuse ou une poêle antiadhésive, faites cuire le poireau avec 2 cuillerées à soupe d'eau, afin de l'empêcher d'attacher ; remuez jusqu'à ce qu'il soit fondant. Ajoutez le sucre, le vin blanc et la moutarde ; faites revenir 10 minutes environ, en remuant sans cesse, jusqu'à ce que le poireau soit doré et que tout le liquide soit évaporé.

2 Pendant ce temps, faites griller les courgettes, les aubergines et les tomates ; les légumes doivent être dorés et fondants. Réservez au chaud.

3 Faites griller les steaks des deux côtés, à la cuisson désirée.

4 Faites légèrement griller le pain. Préparez les sandwiches en les garnissant de steak, de légumes et de salade.

Par sandwich lipides 8 g ; 2 205 kJ

Suggestion de présentation Accompagnez de pommes de terre cuites en quartier au four.

Pâtes à la crème et aux champignons

PRÉPARATION 15 MINUTES • CUISSON 15 MINUTES

Le lait écrémé permet d'obtenir une sauce onctueuse sans pour autant faire grimper les lipides. Nous avons utilisé des orecchiette, mais toutes les sortes de pâtes courtes – penne, rigatoni – conviennent pour cette recette.

375 g de pâtes courtes
60 ml de bouillon de légumes
1 gousse d'ail écrasée
500 g de petits champignons de Paris émincés
125 g de petits pois surgelés
4 oignons blancs émincés
1 l de lait écrémé
1 1/2 c. s. de Maïzena
2 c. s. d'eau
2 c. s. de persil plat grossièrement ciselé
1 c. s. de moutarde à l'ancienne
40 g de parmesan râpé
2 c. s. de ciboule fraîche ciselée

1 Dans un grand volume d'eau bouillante salée, faites cuire les pâtes sans couvrir, jusqu'à ce qu'elles soient *al dente* ; égouttez et réservez au chaud.

2 Portez le bouillon à ébullition ; faites cuire l'ail et les champignons en remuant jusqu'à ce que les champignons soient fondants et que le liquide se soit évaporé. Ajoutez les petits pois et la moitié de l'oignon ; laissez sur le feu en remuant sans cesse, jusqu'à ce que l'oignon soit fondant.

3 Ajoutez le lait et la Maïzena ; réduisez le feu et remuez jusqu'à ce que la sauce épaississe légèrement.

4 Retirez la casserole du feu ; versez les pâtes dedans, ainsi que le reste d'oignon, le persil, la moutarde et le parmesan. Mélangez délicatement, décorez de ciboule et servez.

Par portion lipides 3,8 g ; 1 500 kJ

Suggestion de présentation Accompagnez de pain de campagne croustillant.

L'ASTUCE DU CHEF

Mélangez les pâtes à la sauce à la dernière minute, afin d'éviter qu'elles ne deviennent collantes et pâteuses.

Rouleaux de porc à la vietnamienne

Pour 4 personnes.

PRÉPARATION 30 MINUTES • CUISSON 5 MINUTES

Les feuilles de riz (banh trang en vietnamien) doivent être ramollies dans l'eau chaude avant d'être garnies.

- **350 g de porc haché**
- **1 gousse d'ail écrasée**
- **1 c. c. de gingembre frais râpé**
- **1 c. c. de cinq-épices**
- **350 g de chou chinois finement émincé**
- **4 ciboules finement émincées**
- **1 c. s. de sauce de soja**
- **60 ml de sauce d'huître**
- **2 c. s. de feuilles de coriandre fraîches grossièrement ciselées**
- **12 feuilles de riz de 22 cm de diamètre**
- **60 ml de sauce chili douce**
- **2 c. s. de jus de citron vert**

1 Dans une grande poêle antiadhésive, faites revenir le porc, l'ail, le gingembre et les cinq-épices en remuant jusqu'à ce que le porc soit bien cuit.

2 Ajoutez le chou, les ciboules, la sauce de soja et la sauce d'huître, ainsi que 2 cuillerées à soupe de coriandre fraîche ; faites cuire en remuant sans cesse jusqu'à ce que le chou soit fondant.

3 Dans un saladier moyen rempli d'eau chaude, faites tremper une feuille de riz et attendez qu'elle se ramollisse légèrement ; retirez-la délicatement de l'eau et étalez-la sur une planche ; égouttez-la en l'épongeant délicatement avec un essuie-tout. Au centre de la feuille, placez un peu de mélange au porc, repliez les côtés de la feuille et roulez-la. Répétez l'opération avec les autres feuilles de riz et le reste de farce.

4 Placez les rouleaux dans un grand panier à vapeur et faites-les cuire 5 minutes à couvert au-dessus d'une grande casserole d'eau frémissante. Mélangez le reste de coriandre, la sauce chili et le jus de citron, mélangez bien et servez avec les rouleaux.

Par portion lipides 7,1 g ; 1 041 kJ

Suggestion de présentation Ces rouleaux peuvent être dégustés avant un plat de riz frit (p. 36) ou un bouillon de poule aux nouilles de riz (p. 28).

L'ASTUCE DU CHEF

Vous pouvez préparer les rouleaux la veille et les conserver au réfrigérateur, dans un récipient fermé.

Riz frit

Pour 4 personnes.

PRÉPARATION 10 MINUTES • CUISSON 10 MINUTES

Le riz frit est le plat de base de la cuisine indonésienne. Il est assaisonné ici avec du ketjap manis, une sauce de soja épaisse et sucrée originaire d'Indonésie. Faites cuire 200 g de riz blanc long plusieurs heures à l'avance ou la veille ; étalez le riz encore chaud sur un plateau pour le faire refroidir, puis réservez à couvert au réfrigérateur, jusqu'au moment de vous le cuisiner.

2 œufs légèrement battus
huile
120 g de petits épis de maïs coupés en deux
1 branche de céleri (75 g) finement hachée
1 petit poivron rouge (150 g) finement haché
2 gousses d'ail écrasées
140 g de jambon dégraissé, grossièrement haché
200 g de riz blanc long déjà cuit
1 c. s. de ketjap manis
4 ciboules finement émincées

1. Versez les œufs dans une poêle moyenne antiadhésive chaude et faites cuire à feu moyen. Roulez l'omelette et coupez-la en tranches fines. Réservez.
2. Huilez une grande poêle ou un wok ; faites revenir le maïs et le céleri pendant 2 minutes. Ajoutez le poivron, l'ail et le jambon ; faites revenir le tout pendant 2 minutes. Ajoutez enfin le riz et le ketjap manis ; prolongez la cuisson en en remuant, jusqu'à ce que le mélange soit bien chaud. Ajoutez les ciboules et l'omelette ; servez immédiatement.

Par portion lipides 4,8 g ; 1 155 kJ

Suggestion de présentation Accompagnez de légumes verts sautés ou cuits à la vapeur.

L'astuce du chef

Si vous aimez les saveurs relevées, vous pouvez ajouter un peu de piment frais haché.

Penne aux tomates et au thon

Pour 4 personnes.

PRÉPARATION 15 MINUTES • CUISSON 20 MINUTES

375 g de penne

3 tomates moyennes (570 g) épépinées et finement hachées

1 oignon rouge moyen (170 g) finement haché

2 gousses d'ail écrasées

2 c. s. de basilic frais émincé

425 g de thon au naturel égoutté et émietté

60 ml de vinaigre balsamique

1 Faites cuire les pâtes dans un grand volume d'eau bouillante salée, sans couvrir ; quand elles sont *al dente*, égouttez-les et réservez au chaud.

2 Dans un grand saladier, mélangez les tomates, l'oignon, l'ail, le basilic, le thon, les pâtes et le vinaigre balsamique ; mélangez délicatement et servez.

Par portion lipides 3,8 g ; 1 930 kJ

Suggestion de présentation Accompagnez de ciabatta, pain italien moelleux et croustillant, et d'une salade verte.

Risotto aux champignons et aux épinards

Pour 4 personnes.

PRÉPARATION 10 MINUTES • CUISSON 25 MINUTES

Traditionnellement, la préparation du risotto est longue et il faut le remuer sans cesse pendant toute la durée de la cuisson, en versant progressivement le bouillon. Pour les cuisinières pressées, voici une méthode simple et rapide, qui vous fera gagner du temps. Utilisez de préférence du riz arborio pour cette recette.

750 ml de bouillon de légumes
60 ml de vin blanc sec
1 c. s. de zeste de citron finement râpé
1 oignon moyen (150 g) finement haché
2 gousses d'ail écrasées
250 g de rosés coupés en deux
150 g de champignons de Paris coupés en deux
300 g de riz à grain moyen
2 c. s. de jus de citron
250 ml d'eau
100 g de pousses d'épinards émincées
40 g de parmesan frais finement râpé
2 c. s. de basilic frais émincé

1 Dans une grande casserole, faites chauffer 1 cuillerée à soupe de bouillon avec le vin et le zeste de citron ; faites revenir l'oignon et l'ail en remuant sans cesse, jusqu'à ce que l'oignon soit fondant. Ajoutez les champignons et laissez cuire pendant 5 minutes, sans cesser de remuer.

2 Ajoutez le riz, l'eau et le reste de bouillon. Portez à ébullition, puis réduisez le feu ; laissez frémir à couvert pendant 20 minutes, jusqu'à ce que le riz soit cuit.

3 Au moment de servir, ajoutez les épinards, le parmesan et le basilic.

Par portion lipides 4,9 g ; 1 603 kJ

Suggestion de présentation Accompagné de pain de campagne et d'une salade verte au vinaigre balsamique, ce plat constitue un délicieux repas.

L'ASTUCE DU CHEF
Vous pouvez remplacer le basilic par du persil plat.

Tartine d'agneau au romarin

Pour 4 personnes.

PRÉPARATION 5 MINUTES • CUISSON 15 MINUTES

4 filets d'agneau (320 g)
2 gousses d'ail écrasées
60 ml de jus de citron
2 c. s. de romarin frais
1 c. s. de moutarde à l'ancienne
2 petites tomates (260 g)
250 g d'asperges vertes coupées en deux
4 tranches de pain de campagne
100 g de feuille de chêne grossièrement hachée

1 Dans un petit saladier, mélangez l'agneau, l'ail, le jus de citron, le romarin et la moutarde ; couvrez et laissez mariner 3 heures au moins au réfrigérateur.

2 Coupez les tomates en six. Sur un gril, la plaque d'un four ou un barbecue, faites cuire les tomates et les asperges jusqu'à ce qu'elles soient légèrement dorées et tendres. Faites griller les tranches de pain des deux côtés.

3 Égouttez les morceaux d'agneau ; jetez la marinade. Faites griller l'agneau jusqu'à la cuisson désirée. Couvrez et laissez reposer 5 minutes, puis découpez la viande en tranches épaisses.

4 Posez une tranche de pain sur chaque assiette ; garnissez avec la salade, les tomates, les asperges et, enfin, l'agneau.

Par tartine lipides 4,5 g ; 849 kJ

Suggestion de présentation Vous pouvez rehausser la saveur de ces tartines d'une cuillerée de guacamole ou de mayonnaise allégée, relevée d'une pointe d'ail.

Salade de pâtes aux herbes et à l'agneau

Pour 4 personnes.

PRÉPARATION 20 MINUTES • CUISSON 10 MINUTES

Cette salade se sert chaude ou froide. N'importe quel type de pâtes longues conviendra pour cette recette.

375 g de farfalle

250 g de petites tomates jaunes coupées en deux

1 oignon rouge moyen (170 g) finement émincé

50 g de roquette

2 c. s. de basilic frais finement émincé

1 c. s. de thym frais

400 g de filet d'agneau

2 gousses d'ail écrasées

1 c. s. de moutarde à l'ancienne

60 ml de vinaigre balsamique

1 Dans un grand volume d'eau bouillante salée, faites cuire les pâtes sans couvrir ; quand elles sont *al dente*, égouttez et réservez.

2 Dans un grand saladier, mélangez les tomates, l'oignon, la roquette, le basilic et le thym.

3 Frottez l'agneau avec un mélange de moutarde et d'ail ; faites-le cuire au gril ou au four, jusqu'à ce qu'il soit doré des deux côtés et à point. Laissez reposer 5 minutes, puis découpe-les en tranches fines.

4 Ajoutez les pâtes, l'agneau et le vinaigre dans le saladier ; remuez délicatement et servez.

Par portion lipides 4,9 g ; 1 910 kJ

Suggestion de présentation Cette salade se déguste avec du pain frais croustillant. Pour compléter ce déjeuner sur l'herbe, servez en dessert un meringué aux fruits rouges (p. 107) ou des oranges caramélisées avec de la glace (p. 111).

Agneau à la marocaine

Pour 4 personnes.

PRÉPARATION 15 MINUTES • CUISSON 15 MINUTES

Dans cette recette, le yaourt sert pour la marinade et pour la sauce.

- **8 filets d'agneau (700 g)**
- **1 c. s. de cumin en poudre**
- **1 c. s. de coriandre en poudre**
- **1 c. s. de cannelle en poudre**
- **210 g de yaourt maigre**
- **300 g de couscous**
- **375 ml d'eau bouillante**
- **1 c. c. d'huile d'arachide**
- **50 g de raisins secs**
- **2 c. c. de zeste de citron finement râpé**
- **2 c. c. de jus de citron**
- **2 c. s. de feuilles de coriandre fraîche grossièrement ciselées**

1. Dans un saladier moyen, mélangez les morceaux d'agneau, les épices et un tiers du yaourt. Couvrez et laissez mariner 3 heures ou toute une nuit au réfrigérateur.
2. Faites griller l'agneau jusqu'à ce qu'il soit doré des deux côtés et cuit à point. Couvrez et laissez reposer 5 minutes, puis découpez-le en tranches fines.
3. Pendant ce temps, mélangez dans un grand saladier le couscous, l'eau bouillante et l'huile. Couvrez et laissez reposer 5 minutes, jusqu'à ce que tout le liquide soit absorbé ; mélangez de temps en temps à la fourchette pour aérer les grains. Ajoutez les raisins secs, le zeste et le jus de citron, ainsi que la coriandre fraîche ; mélangez délicatement.
4. Servez l'agneau avec le couscous ; assaisonnez avec le reste de yaourt.

Par portion lipides 9,3 g ; 2 193 kJ

Suggestion de présentation Servez avec de la harissa.

L'ASTUCE DU CHEF

Vous pouvez remplacer le zeste et le jus de citron par un citron confit haché menu.

Nouilles sautées au poulet et aux champignons shiitake

Pour 4 personnes.

PRÉPARATION 15 MINUTES • CUISSON 15 MINUTES

Prévoyez 800 g de brocolis pour cette recette. Vous trouverez des nouilles hokkien fraîches au rayon frais des supermarchés asiatiques.

500 g de nouilles hokkien
500 g de blancs de poulet grossièrement hachés
1 gousse d'ail écrasée
200 g de fleurs de brocolis
150 g de champignons shiitake coupés en deux
200 g de haricots mange-tout coupés en deux
60 ml de sauce d'huître

1 Plongez les nouilles 2 minutes dans un bol d'eau chaude ; égouttez-les, puis versez-les dans un grand saladier et séparez-les à la fourchette.

2 Faites revenir le poulet dans une grande poêle, en plusieurs fois, jusqu'à ce qu'il soit doré et cuit à point. Réservez.

3 Dans le même récipient, faites revenir l'ail, les brocolis, les champignons et l'oignon. Quand ce dernier est devenu fondant, ajoutez le poulet, les nouilles, les haricots mange-tout et la sauce d'huître. Faites cuire le tout jusqu'à ce que les légumes soient tendres.

Par portion lipides 10,9 g ; 2 360 kJ

Suggestion de présentation Disposez sur la table une coupelle de piments frais hachés ou de sambal oelek (condiment indonésien à base de piments broyés).

Poulet à la thaïlandaise

Pour 4 personnes.

PRÉPARATION 10 MINUTES • CUISSON 15 MINUTES

L'ail, la citronnelle et la sauce de piment donnent à cette recette une délicate saveur thaïlandaise.

2 c. c. de gingembre frais râpé
3 gousses d'ail écrasées
1 c. s. de citronnelle fraîche finement ciselée
60 ml de sauce chili douce
4 blancs de poulet (680 g)
150 g de riz blanc long grain
250 ml de bouillon de poule
2 c. c. de Maïzena

1. Dans un grand saladier, mélangez le gingembre, l'ail, la citronnelle, la sauce chili, le jus de citron vert et la moitié de la coriandre ; ajoutez le poulet. Couvrez et laissez mariner au réfrigérateur 3 heures ou toute une nuit.
2. Égouttez le poulet au-dessus du saladier ; réservez la marinade. Faites cuire le poulet sans couvrir dans une grande poêle antiadhésive, jusqu'à ce qu'il soit bien doré des deux côtés ; laissez reposer 5 minutes, puis coupez les blancs de poulet en tranches épaisses.
3. Faites cuire le riz, puis égouttez-le et ajoutez le reste de coriandre.
4. Pendant ce temps, délayez dans un bol la Maïzena avec 2 cuillerées à soupe de bouillon ; versez le reste de bouillon dans une casserole moyenne, ajoutez la marinade et portez à ébullition. Baissez le feu ; laissez frémir en ajoutant la Maïzena. Portez à ébullition et laissez épaissir pendant 5 minutes, sans cesser de remuer.
5. Dressez le poulet sur le riz et nappez de sauce.

Par portion lipides 10,3 g ; 1 665 kJ

Poulet à la moutarde et au miel, purée de patates douces

Pour 4 personnes.

PRÉPARATION 15 MINUTES • CUISSON 15 MINUTES

La marinade au miel et à la moutarde sert également de sauce d'accompagnement.

- **8 blancs de poulet (600 g)**
- **120 g de miel**
- **2 c. s. de moutarde à l'ancienne**
- **80 ml de vinaigre blanc**
- **2 c. s. de sauce de soja**
- **3 pommes de terre moyennes (600 g)**
- **1 petite patate douce (250 g) à chair orangée**
- **2 gousses d'ail écrasées**
- **60 ml de lait écrémé**
- **2 c. c. de thym frais**

1. Enfilez chaque morceau de poulet sur une pique de bambou ou une pique à brochette ; disposez-les dans un plat légèrement creux allant au four. Mélangez le miel, la moutarde, le vinaigre et la sauce de soja ; versez sur le poulet. Couvrez et laissez mariner 3 heures ou toute une nuit au réfrigérateur.
2. Préchauffez le four à haute température.
3. Égouttez le poulet et faites-le griller, sans couvrir, pendant 10 minutes environ, jusqu'à ce qu'il soit cuit à point.
4. Pendant ce temps, faites cuire les pommes de terre, la patate douce et l'ail à la vapeur ou à l'eau ; égouttez. Dans un saladier moyen, écrasez le tout en purée en versant progressivement le lait ; ajoutez le thym frais. Dans une petite casserole, faites chauffer le reste de marinade.
5. Servez le poulet sur la purée ; nappez de marinade.

Par portion lipides 8,7 g ; 1 842 kJ

Suggestion de présentation Accompagnez de légumes cuits à la vapeur ou d'une salade verte.

LES ASTUCES DU CHEF

Vous pouvez faire griller le poulet au barbecue ou au gril.

Pour prélevez plus facilement le miel (surtout s'il est un peu dur), huilez légèrement la cuillère avant de vous en servir.

Poisson pané et salade de tomates tiède

Pour 4 personnes.

PRÉPARATION 15 MINUTES • CUISSON 25 MINUTES

Pour cette recette, vous pouvez utiliser n'importe quel poisson à chair blanche et ferme (lieu, perche de mer, dorade…).

> huile de friture
> 1 oignon rouge moyen (170 g)
> 250 g de tomates cerises
> 60 ml de vinaigre de vin blanc
> 2 gousses d'ail écrasées
> 55 g de corn-flakes réduits en miettes
> 1 c. c. de cumin en poudre
> 1 c. c. de paprika doux
> 1 c. c. de curcuma
> 4 filets de poisson à chair ferme (720 g)
> 35 g de farine
> 2 blancs d'œufs légèrement battus
> 150 g de pousses d'épinards
> 50 g de câpres égouttées

1 Préchauffez le four à haute température.
2 Huilez le plateau du four. Coupez l'oignon en quartiers fins. Disposez l'oignon et les tomates sur le plateau ; mélangez l'ail et le vinaigre, puis mouillez les légumes de ce mélange. Faites griller sans couvrir pendant 20 minutes environ, jusqu'à ce que les tomates soient tendres.
3 Dans un petit bol, mélangez les miettes de corn-flakes et les épices.
4 Pendant ce temps, roulez les filets de poisson dans la farine ; secouez-les pour enlever l'excédent de farine, puis trempez-les dans le blanc d'œuf, et enfin dans la chapelure. Badigeonnez légèrement les deux côtés des filets panés d'huile ; faites cuire sans couvrir dans une grande poêle antiadhésive préchauffée, jusqu'à ce que le poisson soit doré des deux côtés.
5 Dans un grand saladier, mélangez les câpres, les épinards, les tomates et les oignons ; servez avec le poisson.

Par portion lipides 5,6 g ; 1 327 kJ

L'ASTUCE DU CHEF
Vous pouvez paner les filets de poisson deux heures avant de les faire cuire et les conserver au réfrigérateur.

Frittata de thon aux asperges

Pour 4 personnes.

PRÉPARATION 10 MINUTES • CUISSON 30 MINUTES

Originaire d'Italie, la frittata est une sorte d'omelette cuite à la poêle ou au four. Elle se mange volontiers froide. C'est donc un plat idéal pour un pique-nique, mais on peut la servir aussi en hors-d'œuvre.

- **5 pommes de terre moyennes (1 kg) en tranches fines**
- **1 oignon moyen (150 g) en tranches fines**
- **1 gousse d'ail écrasée**
- **250 g d'asperges vertes, épluchées et coupées en morceaux**
- **425 g de thon au naturel égoutté et émietté**
- **4 œufs légèrement battus**
- **4 blancs d'œufs légèrement battus**
- **2 c. s. de persil plat finement ciselé**
- **huile de friture**

1 Faites cuire les pommes de terre à l'eau, à la vapeur ou au micro-ondes jusqu'à ce qu'elles soient presque cuites.

2 Dans une petite poêle antiadhésive huilée, faites revenir l'oignon et l'ail, en remuant jusqu'à ce que l'oignon soit fondant.

3 Dans un saladier, mélangez les pommes de terre, l'oignon et l'ail, les asperges, le thon, les œufs, les blancs d'œufs et le persil.

4 Versez ce mélange dans la poêle préchauffée. À l'aide d'une cuillère, pressez dessus fermement pour qu'il s'étale bien et faites cuire sans couvrir jusqu'à ce que la frittata soit presque cuite. Retirez du feu et placez sous le gril préchauffé, jusqu'à ce que la frittata soit dorée.

Par portion lipides 8,2 g ; 1 496 kJ

Suggestion de présentation Accompagnez d'une salade de roquette au vinaigre balsamique.

L'ASTUCE DU CHEF

Vous pouvez remplacer les asperges fraîches par des asperges en bocal (égouttez-les bien).

Salade de saumon aux pommes de terre

Pour 4 personnes.

PRÉPARATION 10 MINUTES • CUISSON 30 MINUTES

500 g de pommes de terre à chair ferme coupées en grosses tranches

425 g de saumon en boîte

2 tomates moyennes (380 g) coupées en quartiers

1 petite romaine tendre émincée

120 g de crème fraîche

1 oignon rouge moyen (170 g) finement haché

50 g de câpres égouttées et finement hachées

2 c. s. d'aneth finement ciselé

2 c. s. de jus de citron.

1. Préchauffez le four à haute température.
2. Dans un plat allant au four légèrement huilé, faites griller les pommes de terre, sans couvrir, pendant 30 minutes environ, jusqu'à ce qu'elles soient dorées et croustillantes. Laissez refroidir.
3. Égouttez le saumon ; ôtez les arêtes et la peau, puis émiettez-le à la fourchette dans un grand saladier.
4. Ajoutez les pommes de terre, les tomates, la romaine et remuez délicatement. Au moment de servir, mélangez le reste des ingrédients et assaisonner la salade avec cette sauce.

Par portion lipides 17,6 g ; 1 437 kJ

Salade de poulpes grillés

Pour 4 personnes.

PRÉPARATION 10 MINUTES • CUISSON 10 MINUTES

80 ml de jus de citron
1 c. s. de miel
4 gousses d'ail écrasées
1/2 c. c. de poivre de Cayenne
1 kg de petits poulpes nettoyés et coupés en deux
100 g de pousses d'épinards
1 petit oignon rouge (100 g) finement émincé
250 g de tomates cerises coupées en deux
1 c. s. de menthe fraîche finement ciselée
1 c. s. de basilic frais finement ciselé
100 g de feta coupée en dés

1 Dans un grand saladier, mélangez le jus de citron, le miel, l'ail, le poivre et les poulpes. Couvrez et laissez mariner au réfrigérateur 3 heures ou toute une nuit.
2 Égouttez les poulpes au-dessus du saladier ; réservez la marinade. Faites griller les poulpes en plusieurs fois, jusqu'à ce qu'ils soient tendres.
3 Pendant ce temps, versez la marinade dans une petite casserole ; portez à ébullition. Baissez le feu et laissez frémir sans couvrir, pendant 5 minutes environ ; laissez refroidir.
4 Au moment de servir, mettez les poulpes et la marinade dans un grand saladier, ajoutez les autres ingrédients ; remuez délicatement.

Par portion lipides 0,6 g , 1 278 kJ

Suggestion de présentation Dans un bol à part, présentez un peu de tzatziki, délicieux mélange grec de concombre, yaourt et ail.

L'ASTUCE DU CHEF
Vous pouvez remplacer les pousses d'épinards par de la roquette ou du mesclun.

Céréales soufflées aux fruits secs

PRÉPARATION 10 MINUTES
CUISSON 5 MINUTES

- **3 galettes de maïs soufflé**
- **10 g de blé soufflé**
- **½ c. c. d'huile de sésame**
- **2 c. c. de sauce teriyaki**
- **1 c. s. de miel**
- **12 gressins (30 g)**
- **35 g d'abricots secs coupés en deux**
- **20 g de rondelles de pommes sèches coupées en deux**
- **40 g de dattes dénoyautées grossièrement hachées**
- **40 g de raisins blonds**

1. Préchauffez le four à haute température. Dans un saladier, émiettez les galettes de maïs ; ajoutez le blé soufflé, l'huile, la sauce teriyaki et le miel. Étalez ce mélange sur la plaque du four. Faites griller sans couvrir à four chaud pendant 5 minutes, en remuant de temps en temps, jusqu'à ce que le mélange soit croustillant.

2. Cassez les gressins en petits morceaux ; dans un grand saladier, mélangez les gressins, les céréales et les fruits secs. Remuez délicatement.

Par portion lipides 1,8 g ; 773 kJ

Céréales à la moutarde

Pour 4 personnes.

PRÉPARATION 10 MINUTES
CUISSON 20 MINUTES

- **4 galettes de riz soufflé (50 g)**
- **50 g de crackers de riz au sésame**
- **20 g de blé soufflé**
- **20 g de riz soufflé**
- **1 blanc d'œuf légèrement battu**
- **2 c. c. de sel**
- **1 c. c. de curcuma**
- **2 c. c. de paprika doux**
- **2 c. c. de moutarde en poudre**
- **1 c. s. de moutarde à l'ancienne**

1. Préchauffez le four à température moyenne. Dans un saladier, cassez les galettes et les crackers de riz en morceaux.

2. Ajoutez les autres céréales, puis, en remuant sans cesse, le blanc d'œuf, le sel, les épices et la moutarde.

3. Étalez ce mélange sur la plaque du four légèrement huilée ; faites griller, sans couvrir, à four doux pendant 20 minutes, jusqu'à ce que le mélange soit croustillant.

Par portion lipides 2,4 g ; 633 kJ

Petites faims

Cédez sans complexes à vos envies de grignoter avec ces trois recettes légères. Sur le même principe, rien ne vous empêche de créer d'autres mélanges de céréales et de les assaisonner à votre guise.

Pop-corn à l'indienne

Pour 200 g environ.

PRÉPARATION 5 MINUTES
CUISSON 20 MINUTES

- **115 g de maïs à pop-corn**
- **100 g de pappadums épicés**
- **2 c. c. de cumin en poudre**
- **2 c. c. de coriandre en poudre**
- **1 c. c. de cannelle en poudre**

1 Faites cuire le pop-corn au micro-ondes (voir mode d'emploi sur le paquet).
2 Faites cuire les pappadums au micro-ondes pendant 30 secondes, jusqu'à ce qu'ils gonflent. Cassez-les en petits morceaux.
3 Dans une petite poêle préchauffée, faites griller les épices à sec.
4 Mélangez les pop-corns, les pappadums et les épices dans un grand saladier et remuez délicatement.

Par poignée lipides 0,4 g ; 132 kJ

Les plats uniques

Pour toutes ces recettes de viandes grillées, de pâtes, de currys et autres plats mijotés ou sautés, nous vous suggérons des accompagnements légers et rapides à préparer, afin de vous permettre de contrôler les apports caloriques de votre alimentation.

Bœuf au satay et aux nouilles hokkien

Pour 4 personnes.

PRÉPARATION 15 MINUTES • CUISSON 15 MINUTES

Le ketjap manis est une sauce de soja épaisse et sucrée, originaire d'Indonésie. On la trouve dans les magasins de produits asiatiques ou au rayon de produits exotiques des grands supermarchés.

600 g de nouilles hokkien
300 g de rumsteck en tranches fines
1/2 c. c. de gingembre frais finement râpé
2 c. c. d'huile de sésame
1 petit oignon rouge (100 g) finement émincé
1 poivron rouge moyen (200 g) finement émincé
150 g de fleurs de brocolis
2 c. c. de jus de citron vert
60 ml de sauce au satay
1 c. s. de sauce hoisin
80 ml de sauce de soja
1 c. s. de ketjap manis
150 g de petits pois
1 c. s. de feuilles de coriandre fraîche finement ciselées
35 g de cacahuètes grillées non salées grossièrement hachées

1 Plongez les nouilles rapidement dans un bol d'eau chaude, puis égouttez-les. Transférez-les dans un grand saladier et séparez-les à la fourchette.

2 Faites chauffer une grande poêle antiadhésive et faites revenir les tranches de bœuf et le gingembre en plusieurs fois, jusqu'à ce que la viande soit dorée. Réservez.

3 Faites chauffer un peu d'huile dans la poêle et faites revenir l'oignon, le poivron et les brocolis, jusqu'à ce qu'ils soient juste tendres. Ajoutez les morceaux de bœuf, ainsi que les différentes sauces et le jus de citron. Portez ce mélange à ébullition, puis ajoutez les nouilles et les petits pois. Prolongez la cuisson pendant quelques minutes.

4 Ajoutez la coriandre, sans cesser de remuer. Parsemez de cacahuètes hachées et servez.

Par portion lipides 15,8 g ; 2 788 kJ

Suggestion de présentation Proposez à part une coupelle de sambal oelek.

Escalopes de veau panées, purée de pommes de terre

Pour 4 personnes.

PRÉPARATION 10 MINUTES • CUISSON 20 MINUTES

En dépit des apparences, cette recette est un plat de régime, préparé avec des ingrédients peu caloriques.

450 g de filet de veau
50 g de farine
1 blanc d'œuf légèrement battu
2 c. s. de lait écrémé
160 g de corn-flakes émiettés
1 c. c. de zeste de citron finement râpé
2 c. s. de persil plat finement ciselé
huile de friture
4 pommes de terre moyennes (800 g)
60 ml de petit-lait
180 ml de bouillon de poule
250 g de pois surgelés
1 citron coupé en huit

1 Préchauffez le four à très haute température. Mélangez le blanc d'œuf et le lait dans un bol, la chapelure, le zeste de citron et le persil dans un autre bol.

2 Détaillez le filet de veau en escalopes de 1 cm d'épaisseur. Roulez ces dernières dans la farine, secouez bien pour enlever l'excédent. Faites tremper la viande dans le mélange de blanc d'œuf et de lait, puis dans la chapelure.

3 Sur la plaque du four légèrement huilée, disposez les morceaux de veau en une seule couche ; badigeonnez d'un peu d'huile. Faites cuire le veau sans couvrir à four très chaud pendant 5 minutes. Laissez refroidir 5 minutes et coupez en tranches épaisses.

4 Pendant ce temps, faites cuire les pommes de terre. Dans un saladier, écrasez-les en purée avec le petit-lait ; couvrez et réservez au chaud.

5 Dans une casserole moyenne, portez le bouillon à ébullition. Ajoutez les petits pois et faites cuire sans couvrir jusqu'à ce que le bouillon ait réduit de moitié. Mixez le tout jusqu'à obtention d'une purée un peu grumeleuse.

6 Incorporez délicatement la purée de pois à la purée de pommes de terre, mélangez grossièrement de façon à conserver à la préparation un effet marbré. Dressez la purée dans les assiettes, ajoutez les morceaux de veau pané et servez avec des quartiers de citron.

Côtes de porc à la ratatouille

Pour 4 personnes.

PRÉPARATION 10 MINUTES • CUISSON 25 MINUTES

1 kg de petites pommes de terre coupées en deux

1 oignon moyen (150 g) grossièrement haché

2 gousses d'ail écrasées

4 mini-aubergines (240 g) coupées en dés

2 courgettes moyennes (240 g) coupées en dés

400 g de tomates en boîte

2 c. s. de basilic frais finement ciselé

4 côtes de porc de 150 g chacune

1 Préchauffez le four à très haute température.
2 Sur la plaque du four légèrement huilée, disposez les pommes de terre ; faites-les griller sans couvrir à four très chaud pendant 25 minutes environ ; elles doivent être dorées et croquantes.
3 Pendant ce temps, faites revenir l'ail et l'oignon dans une grande poêle antiadhésive préchauffée ou une sauteuse ; remuez jusqu'à ce que l'oignon soit fondant. Ajoutez les aubergines et les courgettes ; faites revenir en remuant jusqu'à ce que les légumes soient tendres.
4 Ajoutez les tomates et leur jus ; portez à ébullition ; Baissez le feu ; laissez frémir sans couvrir 5 minutes environ, jusqu'à épaississement de la sauce ; ajoutez le basilic.
5 Dans une poêle antiadhésive préchauffée, faites cuire les côtes de porc, puis coupez-les en tranches épaisses.
6 Servez les côtes de porc avec la ratatouille et les pommes de terre au four.

Par portion lipides 6,2 g ; 1 652 kJ

Suggestion de présentation Accompagnez d'une salade verte.

L'astuce du chef

La ratatouille peut se préparer la veille et se conserver au réfrigérateur. S'il en reste, vous pouvez la servir avec des pâtes à un autre repas.

Filet de porc aux pommes et aux poireaux

PRÉPARATION 10 MINUTES • CUISSON 25 MINUTES

800 g de filet de porc
180 ml de bouillon de poule
2 poireaux moyens (700 g) grossièrement coupés
1 gousse d'ail écrasée
2 c. s. de sucre brun
2 c. s. de vinaigre de vin rouge
2 pommes moyennes (300 g)
10 g de beurre
1 c. s. de sucre brun en plus
400 g de petites carottes tendres, épluchées et coupées en deux
8 mini-pâtissons (100 g) coupés en quatre
250 g d'asperges vertes, épluchées et coupées en morceaux

1 Préchauffez le four à très haute température.

2 Faites rôtir le filet de porc à four très chaud pendant 25 minutes environ, jusqu'à ce qu'il soit doré et cuit à point. Couvrez et laissez reposer 5 minutes avant de le découper en tranches épaisses.

3 Pendant ce temps, faites chauffer la moitié du bouillon dans une sauteuse moyenne préchauffée et faites cuire les poireaux et l'ail en remuant sans cesse, jusqu'à ce que le poireau soit fondant et légèrement coloré. Ajoutez le sucre et le vinaigre et prolongez la cuisson pendant 5 minutes environ, sans cesser de remuer, jusqu'à ce que les poireaux soient caramélisés. Ajoutez le reste de bouillon ; portez à ébullition. Baissez le feu et laissez frémir sans couvrir pendant 5 minutes, jusqu'à ce que le liquide soit réduit de moitié. Réservez les poireaux au chaud.

4 Épluchez les pommes, ôtez le cœur, coupez-les en gros quartiers.

5 Faites fondre le beurre dans une sauteuse et faites revenir les pommes avec le sucre brun, en remuant sans cesse, jusqu'à ce que les fruits soient dorés et fondants.

6 Faites cuire séparément à l'eau les carottes, les pâtissons et les asperges, puis égouttez-les.

7 Dressez les légumes et les pommes sur des assiettes chaudes, garnissez de morceaux de porc et servez aussitôt.

Par portion lipides 7,5 g ; 1 624 kJ

Suggestion de présentation Servez ce plat avec des pommes de terre à l'eau, en purée ou grillées au four.

L'ASTUCE DU CHEF

Les poireaux caramélisés peuvent se préparer plusieurs heures à l'avance ; il vous suffira de les réchauffer au moment de servir.

Salade tiède d'agneau aux croûtons

Pour 4 personnes.

PRÉPARATION 10 MINUTES • CUISSON 15 MINUTES

2 tranches de pain blanc
1 c. s. d'huile végétale
1 gousse d'ail écrasée
4 courgettes moyennes (480 g) coupées en tranches fines
4 mini-aubergines (240 g) coupées en tranches fines
8 côtelettes d'agneau (600 g)
125 ml de vinaigre balsamique
125 ml de bouillon de bœuf
150 g de frisée
3 tomates moyennes (570 g) coupées en gros dés
2 c. s. de persil plat grossièrement ciselé

1 Préchauffez le four à haute température.
2 Retirez la croûte du pain. Coupez chaque tranche en triangles ; dans un petit saladier, mélangez les morceaux de pain, l'ail et l'huile. Disposez le pain en une seule couche sur la plaque du four et faites-le griller sans couvrir, 4 minutes sur chaque face ; les croûtons doivent être dorés et croustillants.
3 Dans une poêle antiadhésive préchauffée, faites revenir en plusieurs fois les courgettes et les aubergines ; réservez au chaud. Faites revenir l'agneau dans le même récipient, jusqu'à ce qu'il soit doré des deux côtés ; réservez au chaud.
4 Dans la sauteuse, versez le vinaigre et portez à ébullition. Ajoutez le bouillon, puis baissez le feu. Laissez frémir sans couvrir jusqu'à ce que la sauce soit réduite de moitié.
5 Mélangez les courgettes, les aubergines, la frisée, les tomates et le persil. Assaisonnez avec la sauce au vinaigre balsamique et remuez délicatement. Dressez cette préparation sur des assiettes tièdes, garnissez de morceaux d'agneau et servez.

Par portion lipides 13,2 g ; 1 244 kJ

L'ASTUCE DU CHEF
Vous pouvez faire griller les croûtons la veille et les conserver dans une boîte hermétique.

Curry de pois chiche et potiron

Pour 4 personnes.

PRÉPARATION 10 MINUTES • CUISSON 25 MINUTES

Ingrédient typique de la cuisine indienne, le tikka masala est une pâte épicée aux légumes.

2 c. c. d'huile d'arachide
2 oignons moyens (300 g) finement émincés
2 gousses d'ail écrasées
2 c. s. de tikka masala
500 ml de bouillon de légumes
250 ml d'eau
1 kg de potiron en gros morceaux
400 g de riz parfumé (au jasmin ou autre)
300 g de pois chiches en boîte rincés et égouttés
125 g de petits pois surgelés
60 ml de crème fraîche allégée
2 c. s. de feuilles de coriandre fraîche ciselées

1 Faites chauffer l'huile dans une grande sauteuse et faites revenir l'oignon et l'ail en remuant sans cesse. Ajoutez la pâte de curry et faites revenir le tout sans cesser de remuer, jusqu'à ce que le mélange embaume. Versez le bouillon et l'eau et portez à ébullition. Ajoutez les morceaux de potiron ; baissez le feu et laissez frémir à couvert pendant 15 minutes.

2 Pendant ce temps, faites cuire le riz dans un grand volume d'eau bouillante salée, sans couvrir. Réservez au chaud.

3 Ajoutez les pois chiches et les petits pois au curry de potiron ; réchauffez le tout en remuant sans cesse. Ajoutez la crème et la coriandre. Servez le riz à part.

Par portion lipides 12,5 g ; 2 631 kJ

Suggestion de présentation Servez avec des tomates fraîches coupées en petits dés et un chutney de mangue ou de légumes.

LES ASTUCES DU CHEF

Vous pouvez préparer le curry un jour à l'avance : les saveurs ne s'en développeront que mieux.

Remplacez la crème fraîche par de la crème de noix de coco, qui apporte un petit goût sucré très indien.

Agneau à la chermoulla, salade de pois chiches

Pour 4 personnes.

PRÉPARATION 15 MINUTES • CUISSON 15 MINUTES

La chermoulla est un assaisonnement marocain composé d'herbes fraîches et d'épices (entre autres de la coriandre, du cumin et du paprika). On peut s'en servir également pour faire mariner de la viande, de la volaille ou du poisson.

- **300 g de haricots verts épluchés**
- **2 c. c. de poivre noir concassé**
- **2 c. c. de cumin en poudre**
- **2 c. c. de coriandre en poudre**
- **1 c. c. de paprika fort**
- **2 c. s. de persil plat grossièrement ciselé**
- **2 c. s. de feuilles de coriandre fraîche grossièrement ciselées**
- **2 c. s. de menthe fraîche grossièrement ciselée**
- **1 c. s. de zeste de citron grossièrement râpé**
- **60 ml d'eau**
- **1 oignon rouge moyen finement haché**
- **8 filets d'agneau (700 g)**
- **400 g de lentilles en boîte, rincées et égouttées**
- **300 g de pois chiches en boîte, rincés et égouttés**
- **3 c. s. de persil plat grossièrement ciselé pour la salade**
- **2 gousses d'ail écrasées**
- **2 c. s. de jus de citron**

1 Coupez les haricots en morceaux de 3 cm de long et faites-les cuire à l'eau (ils doivent rester légèrement croquants). Passez-les rapidement sous l'eau froide pour stopper la cuisson, puis égouttez-les.

2 Mixez le poivre, les épices, les herbes, le zeste de citron, l'eau et la moitié de l'oignon, jusqu'à obtention d'une pâte homogène.

3 Enduisez l'agneau de ce mélange et faites-le cuire en plusieurs fois, au four, au gril ou au barbecue, jusqu'à ce qu'il soit doré. Couvrez et laissez reposer 5 minutes, avant de le détailler en tranches épaisses.

4 Dans un grand saladier, mélangez les lentilles, les pois chiches, le reste de persil, l'ail et le jus de citron, ainsi que le reste d'oignon ; remuez délicatement. Servez cette salade avec l'agneau.

Par portion lipides 8,3 g ; 1 373 kJ

Suggestion de présentation Présentez dans un bol à part du yaourt parfumé à la menthe fraîche.

L'ASTUCE DU CHEF

Vous pouvez préparer la salade plusieurs heures à l'avance en ne l'assaisonnant qu'au dernier moment.

Tagliatelle alla bolognese

Pour 4 personnes.

PRÉPARATION 5 MINUTES • CUISSON 25 MINUTES

- **1 petit oignon (80 g) finement haché**
- **2 gousses d'ail écrasées**
- **1 petite carotte (70 g) finement hachée**
- **1 branche de céleri (75 g) épluchée et finement hachée**
- **400 g de bœuf haché maigre**
- **500 ml de sauce tomate en bocal**
- **125 ml de bouillon de bœuf**
- **375 g de tagliatelles**

1 Faites revenir l'oignon et l'ail dans une grande poêle antiadhésive préchauffée, en remuant sans cesse. Ajoutez la carotte et le céleri et prolongez la cuisson à feu vif, sans cesser de remuer, jusqu'à ce que les légumes soient tendres.

2 Ajoutez la viande hachée et faites-la cuire jusqu'à ce qu'elle change de couleur. Versez la sauce et le bouillon ; portez à ébullition. Baissez le feu ; laissez frémir sans couvrir pendant 15 minutes, jusqu'à épaississement de la sauce.

3 Pendant ce temps, faites cuire les pâtes dans un grand volume d'eau bouillante salée, sans couvrir ; égouttez-les.

4 Servez les tagliatelles garnies de sauce bolognaise.

Par portion lipides 10,2 g ; 2 361 kJ

Suggestion de présentation Servez avec une salade verte et du pain de campagne frais.

L'astuce du chef

La sauce sera plus parfumée si vous la préparez la veille ; réchauffez-la au moment de servir.

Steaks bourguignons à la purée de céleri

Pour 4 personnes.

PRÉPARATION 10 MINUTES • CUISSON 20 MINUTES

Pour cette recette, choisissez des morceaux de bœuf extra-tendres : faux-filet, onglet ou aloyau.

1 petit céleri rave (600 g) grossièrement râpé

2 pommes de terre moyennes (400 g) grossièrement râpées

60 ml de lait écrémé

20 g de beurre

4 steaks de 200 g

200 g de petits champignons de Paris coupés en deux

6 oignons nouveaux (150 g) coupés en quatre

2 gousses d'ail écrasées

125 ml de vin rouge

250 ml de bouillon de bœuf

1 c. s. de sauce tomate en tube

2 c. c. de Maïzena

2 c. c. d'eau

1 c. s. d'origan frais grossièrement ciselé

1 Faites cuire rapidement le céleri rave et les pommes de terre à l'eau, puis égouttez-les. Écrasez-les en purée, en ajoutant progressivement le lait et le beurre ; réservez au chaud, à couvert.

2 Pendant ce temps, faites cuire le bœuf dans une grande poêle antiadhésive préchauffée, jusqu'à ce qu'il soit doré des deux côtés ; réservez au chaud.

3 Faites cuire les champignons, l'oignon et l'ail dans la même poêle, jusqu'à ce que les légumes soient tendres. Versez le vin, le bouillon et la sauce tomate ; laissez frémir sans couvrir pendant 5 minutes environ. Délayez la Maïzena dans un peu d'eau ; versez dans la poêle et faites cuire à feu vif, en remuant sans cesse, jusqu'à épaississement de la sauce.

4 Dressez la purée de céleri et de pommes de terre sur des assiettes chaudes, garnissez de morceaux de bœuf et nappez de sauce. Saupoudrez d'origan et servez aussitôt.

Par portion lipides 14,3 g ; 1 855 kJ

Suggestion de présentation Vous pouvez accompagner cette recette de légumes verts à la vapeur (asperges, brocolis, courgettes…).

Gnocchis aux herbes et aux champignons

PRÉPARATION 10 MINUTES • CUISSON 15 MINUTES

Les gnocchis sont de petites boules de pâte à base de farine et de pommes de terre en purée. Ils sont délicieux servis avec une sauce onctueuse et parfumée.

- **1 c. s. d'huile végétale**
- **1 oignon moyen (150 g) grossièrement haché**
- **2 gousses d'ail écrasées**
- **400 g de champignons de Paris finement émincés**
- **1 c. s. de farine**
- **80 ml de vin rouge**
- **2 c. c. de sauce de soja**
- **160 ml de bouillon de légumes**
- **1 c. s. de crème fraîche allégée**
- **1 c. s. d'origan frais grossièrement ciselé**
- **1 c. s. de sauge fraîche finement ciselée**
- **600 g de gnocchis de pommes de terre frais**

1 Faites chauffer l'huile dans une grande poêle ou une sauteuse et faites revenir l'oignon, l'ail et les champignons en remuant sans cesse, jusqu'à ce que les légumes soient tendres. Ajoutez la farine et prolongez la cuisson pendant 1 minute, sans cesser de remuer.

2 Versez le vin, la sauce de soja, le bouillon et la crème et faites cuire le tout en remuant toujours, jusqu'à ce que la sauce épaississe légèrement. Ajoutez les herbes fraîches et retirez du feu.

3 Pendant ce temps, faites cuire les gnocchis dans un grand volume d'eau bouillante salée, sans couvrir, jusqu'à ce qu'ils remontent à la surface. Retirez-les avec une écumoire et égouttez-les. Incorporez-les à la sauce, mélangez délicatement. Et servez aussitôt.

Par portion lipides 7,6 g ; 1 397 kJ

Suggestion de présentation Accompagnez d'une salade verte assaisonnée d'une vinaigrette aux herbes et de pain croustillant.

L'ASTUCE DU CHEF

Vous pouvez utiliser, pour cette recette, différentes variétés de champignons : pleurottes, mais aussi cèpes ou girolles, pour un repas plus raffiné.

Veau à la moutarde, polenta et purée d'épinards

Pour 4 personnes.

PRÉPARATION 15 MINUTES • CUISSON 20 MINUTES

La polenta, à base de farine de maïs, est idéale pour accompagner les plats en sauce.

95 g de moutarde à l'ancienne
2 c. s. d'origan frais grossièrement ciselé
2 gousses d'ail écrasées
4 côtes de veau (600 g)
4 grosses tomates olives (360 g) coupées en deux
500 ml d'eau
1 c. c. de sel
170 g de polenta
180 ml de lait écrémé
20 g de parmesan finement râpé
2 kg d'épinards frais épluchés et lavés
2 gousses d'ail écrasées
2 filets d'anchois égouttés
2 c. s. de jus de citron
60 ml de bouillon de bœuf

1. Dans un petit saladier, mélangez la moutarde, l'origan et l'ail ; badigeonnez les côtes de veau de ce mélange.
2. Faites cuire le veau et les tomates en plusieurs fois, sur la plaque légèrement huilée du four ou encore au gril ; le veau et les tomates doivent être dorés et cuits à point.
3. Pendant ce temps, faites bouillir l'eau dans une casserole moyenne. Salez, puis versez la polenta en pluie ; laissez cuire 10 minutes, en remuant sans cesse, jusqu'à ce que la polenta épaississe. Ajoutez le lait et prolongez la cuisson pendant 5 minutes, sans cesser de remuer. Ajoutez le parmesan et mélangez.
4. Faites cuire les épinards dans un peu d'eau, puis égouttez-les. Mixez-les avec l'ail, les anchois, le jus de citron et le bouillon.
5. Disposez quelques cuillerées de polenta sur les assiettes chaudes, garnissez de tomates et de purée d'épinard et recouvrez avec les côtes de veau.

Par portion lipides 7,3 g ; 1 626 kJ

Suggestion de présentation Garnissez les côtes de veau de feuilles de sauge fraîche et servez avec une salade de roquette et de radis au vinaigre balsamique.

L'astuce du chef
Vous pouvez remplacer l'origan par du thym ou du romarin frais.

Pavé de bœuf aux poivrons grillés

Pour 4 personnes.

PRÉPARATION 10 MINUTES • CUISSON 20 MINUTES

Vous pouvez remplacer le bifteck par un autre morceau de bœuf tendre, comme le faux-filet ou l'onglet.

3 poivrons rouges moyens (600 g)
1 c. c. d'huile d'olive
1 gros oignon (200 g) finement émincé
2 gousses d'ail finement émincées
2 c. s. de sucre brun
2 c. s. de vinaigre de Xérès
3 piments rouges épépinés et finement hachés
4 biftecks de 200 g chacun
2 épis de maïs (800 g) épluchés et coupés en morceaux
150 g de mange-tout
300 g de petites pommes de terre nouvelles coupées en deux
2 c. s. de persil plat finement ciselé

1. Coupez les poivrons en quatre ; ôtez les membranes et les graines, puis faites-les griller à four très chaud, jusqu'à ce que la peau se boursoufle et noircisse. Sortez du four, recouvrez de papier ou de film alimentaire et laissez reposer quelques minutes ; ôtez alors la peau et coupez les poivrons en fines lanières.
2. Faites chauffer l'huile dans une poêle moyenne et faites revenir l'oignon et l'ail en remuant sans cesse, jusqu'à ce qu'ils soient tendres. Ajoutez le sucre, le vinaigre, le piment et les poivrons, et prolongez la cuisson pendant 5 minutes, sans cesser de remuer.
3. Pendant ce temps, faites cuire le pavé de bœuf sur une lèchefrite huilée et préchauffée, ou encore au gril ou au barbecue, jusqu'à ce que la viande soit dorée des deux côtés.
4. Faites cuire les autres légumes séparément, puis égouttez-les.
5. Servez les pavés de bœuf nappés de sauce au poivron et garnis de légumes saupoudrés de persil.

Par portion lipides, 13 g ; 2 327 kJ

Suggestion de présentation Servez avec une salade verte.

L'ASTUCE DU CHEF
Les poivrons peuvent être grillés la veille et conservés au réfrigérateur.

Curry de petits légumes

Pour 4 personnes.

PRÉPARATION 10 MINUTES • CUISSON 20 MINUTES

Ce curry de petits légumes, qui se sert en Inde avec un riz parfumé, est délicatement épicé et très savoureux. Tous les légumes proposés dans la recette peuvent être remplacés par une quantité équivalente de poivrons, champignons, petits pois ou courgettes, selon vos envies.

1 oignon moyen (150 g) grossièrement émincé

2 piments rouges grossièrement hachés

1 gousse d'ail écrasée

2 c. s. de pâte de curry

4 petites pommes de terre (480 g) coupées en morceaux

500 g de fleurs de chou-fleur

375 ml de bouillon de légumes

375 ml d'eau

400 g de riz parfumé (au jasmin ou autre)

200 g de haricots verts coupés en deux

400 ml de lait de noix de coco allégé

4 œufs durs coupés en grosses rondelles

2 c. s. de feuilles de coriandre fraîche

1 Dans une grande poêle antiadhésive, faites revenir l'oignon, le piment et l'ail en remuant jusqu'à ce que l'oignon fonde. Ajoutez la pâte de curry et prolongez la cuisson jusqu'à ce que les épices embaument. Ajoutez ensuite les pommes de terre et le chou-fleur, en mélangeant bien pour que les légumes soient enrobés d'épices. Versez le bouillon et l'eau, et portez à ébullition. Baissez le feu et laissez frémir à couvert pendant 10 minutes, jusqu'à ce que les pommes de terre soient cuites.

2 Pendant ce temps, faites cuire le riz dans un grand volume d'eau bouillante salée, sans couvrir. Égouttez et réservez au chaud.

3 Ajoutez les haricots verts au curry et laissez cuire sans couvrir jusqu'à ce qu'ils soient tendres. Versez alors le lait de noix de coco et ajoutez les œufs durs ; poursuivez la cuisson jusqu'à ce que le mélange soit bien chaud. Parsemez de feuilles de coriandre et servez le riz à part.

Par portion lipides 16,6 g ; 2 837 kJ

Suggestion de présentation Accompagnez de raïta (yaourt au concombre) et de pappadums (galettes indiennes) cuits au micro-ondes.

Agneau tandoori et raïta au concombre

Pour 4 personnes.

PRÉPARATION 10 MINUTES • CUISSON 20 MINUTES

8 filets d'agneau (700 g)
1 c. s. de pâte tandoori
400 g de yaourt allégé
1 mini-concombre (130 g) épépiné et finement haché
2 ciboules finement hachées
½ c. c. de cumin en poudre
1 c. c. de cardamome en poudre
400 g de riz basmati
1 pincée de safran

1 Dans un grand saladier, mélangez la pâte tandoori, la moitié du yaourt et l'agneau. Dans un petit saladier, mélangez le reste du yaourt avec le concombre, les ciboules et la moitié des épices mélangées.

2 Dans un grand volume d'eau bouillante, versez le riz et le safran ; faites cuire sans couvrir ; égouttez le riz ; réservez dans un grand saladier.

3 Faites griller à sec le reste des épices dans une petite poêle préchauffée, jusqu'à ce qu'elles embaument. Versez sur le riz et mélangez délicatement. Couvrez et réservez au chaud.

4 Faites cuire l'agneau avec la marinade, en plusieurs fois au four, dans une lèchefrite légèrement huilée, ou encore au gril ou au barbecue, jusqu'à ce qu'il soit doré.

5 Servez l'agneau sur le riz au safran, assaisonné de raïta.

Par portion lipides 8,6 g ; 1 869 kJ

Suggestion de présentation Accompagnez d'une salade de tomates et d'oignons, et de pappadums (galettes indiennes) cuits au micro-ondes.

L'ASTUCE DU CHEF

Vous pouvez faire mariner l'agneau la veille ; réservez à couvert au réfrigérateur. Le raïta (yaourt au concombre) peut lui aussi être préparé à l'avance et conservé au réfrigérateur.

Nouilles sautées aux légumes et au tofu

Pour 4 personnes.

PRÉPARATION 10 MINUTES • CUISSON 15 MINUTES

Le tofu est une pâte à base de lait de soja qui contient autant de protéines que la viande. Il n'a pas un goût très prononcé, mais convient bien dans une sauce un peu épicée.

250 g de tofu frais

250 g de nouilles de riz fraîches

1 c. s. d'huile d'arachide

1 gros oignon (200 g) coupé en rondelles épaisses

2 gousses d'ail écrasées

1 c. c. de cinq-épices

300 g de champignons de Paris coupés en deux

60 ml de sauce de soja

250 ml de bouillon de légumes

60 ml d'eau

300 g de pousses de bok choy grossièrement émincées

300 g de choy sum grossièrement émincé

4 ciboules grossièrement émincées

200 g de pousses de soja

1 Coupez le tofu en cubes de 2 cm. Plongez les nouilles dans un bol d'eau chaude, puis égouttez-les. Versez-les dans un grand saladier et séparez-les à la fourchette.

2 Faites chauffer l'huile dans une grande sauteuse et faites revenir l'oignon et l'ail. Ajoutez le cinq-épices en remuant sans cesse jusqu'à ce que le mélange embaume. Ajoutez les champignons et prolongez la cuisson, sans cesser de remuer, jusqu'à ce qu'ils soient tendres.

3 Versez la sauce de soja, le bouillon et l'eau ; portez à ébullition. Ajoutez le bok choy, le choy sum et les ciboules et prolongez la cuisson, en remuant toujours, jusqu'à ce que les légumes soient légèrement fondants. Ajoutez alors le tofu, les nouilles et les pousses de soja, et laissez cuire quelques minutes à feu vif, sans cesser de remuer, jusqu'à ce que le mélange soit bien chaud.

Par portion lipides 9,3 g ; 1 321 kJ

L'ASTUCE DU CHEF

Vous pouvez réaliser la recette avec des nouilles sèches, que vous laisserez gonfler quelques minutes dans un saladier d'eau bouillante.

Spaghettis à la tomate et aux haricots blancs

Pour 4 personnes.

PRÉPARATION 10 MINUTES • CUISSON 20 MINUTES

En Italie, on sert souvent les spaghettis avec des haricots blancs ; une tradition à redécouvrir…

80 ml de bouillon de légumes

1 petit oignon rouge (100 g) finement haché

2 gousses d'ail écrasées

250 ml de vin blanc sec

1/2 c. c. de sucre

500 ml de sauce tomate en bocal

375 g de spaghettis

1 c. s. d'origan frais grossièrement ciselé

2 c. s. de câpres égouttées grossièrement hachées

60 g d'olives noires dénoyautées et coupées en morceaux

300 g de haricots blancs en boîte rincés et égouttés

2 c. s. de persil plat grossièrement ciselé

1 Dans une casserole moyenne, faites chauffer la moitié du bouillon et faites cuire l'oignon et l'ail en remuant sans cesse, jusqu'à ce que l'oignon soit fondant. Versez le vin, le reste du bouillon, le sucre et la sauce tomate et portez le tout à ébullition. Baissez le feu et laissez frémir sans couvrir jusqu'à épaississement.

2 Faites cuire les pâtes dans un grand volume d'eau bouillante salée sans couvrir, puis égouttez-les.

3 Pendant ce temps, ajoutez l'origan, les câpres, les olives et les haricots à la sauce tomate ; faites cuire le tout, sans cesser de remuer, jusqu'à ce que le mélange soit chaud. Servez les spaghettis garnis de sauce à la tomate et aux haricots.

Par portion lipides 2,4 g ; 1 938 kJ

Suggestion de présentation Si vous ne suivez pas un régime draconien, vous pouvez servir les pâtes avec un peu de parmesan frais râpé.

L'ASTUCE DU CHEF

Vous pouvez préparer la sauce la veille et la conserver au réfrigérateur.

Papillotes de poisson à l'aigre-douce

Pour 4 personnes.

PRÉPARATION 10 MINUTES • CUISSON 20 MINUTES

Dans cette recette, vous pouvez accommoder toutes les variétés de petits poissons à chair blanche.

4 daurades de 350 g chacune
6 ciboules finement émincées
50 g de gingembre frais épluché et finement émincé
4 gousses d'ail finement émincées
2 c. s. de sauce de soja
2 c. s. de vin de Xérès sec
2 c. s. de sucre brun
80 ml de bouillon de légumes
500 g de choy sum grossièrement émincé
500 g de brocolis chinois grossièrement hachés

1 Préchauffez le four à température moyenne. Pratiquez 3 entailles de chaque côté des poissons, puis disposez-les sur une grande feuille d'aluminium ou de papier sulfurisé.

2 Dans un petit saladier, mélangez les ciboules, le gingembre, l'ail, la sauce de soja, le vin de Xérès, le sucre et le bouillon ; versez ce mélange sur les poissons. Emballez soigneusement chaque poisson dans sa feuille et disposez-les à plat sur la plaque du four. Faites cuire à température moyenne pendant 20 minutes environ.

3 Pendant ce temps, faites cuire les légumes séparément, puis égouttez-les.

4 Dressez les poissons sur des assiettes chaudes, puis garnissez de légumes et servez.

Par portion lipides 10,2 g ; 1 331 kJ

Suggestion de présentation Accompagnez de riz basmati et disposez sur la table une coupelle de ketjap manis relevé de piments hachés.

L'ASTUCE DU CHEF

Vous pouvez préparer les papillotes plusieurs heures à l'avance ; assurez-vous simplement que le jus ne coule pas en doublant l'emballage. Conservez les papillotes au réfrigérateur jusqu'au moment de les faire cuire.

Phad thai

Pour 4 personnes.

PRÉPARATION 15 MINUTES • CUISSON 15 MINUTES

Cette recette de nouilles sautées est un des grands classiques de la cuisine thaïlandaise.

250 g de nouilles de riz
450 g de blancs de poulet en tranches fines
1 gousse d'ail écrasée
1 c. c. de gingembre frais râpé
2 petits piments rouges finement émincés
2 c. s. de sucre de palme haché
2 c. s. de sauce de soja
60 ml de sauce chili douce
1 c. s. de sauce nuoc mâm
1 c. s. de jus de citron vert
3 ciboules finement hachées
80 g de pousses de soja
80 g de germes de blé frais ou de haricots
2 c. s. de feuilles de coriandre fraîche grossièrement ciselées

1 Disposez les nouilles dans un grand saladier ; recouvrez d'eau bouillante. Laissez reposer jusqu'à ce que les nouilles soient tendres ; égouttez-les.

2 Préchauffez une grande sauteuse antiadhésive et faites revenir le poulet, l'ail, le gingembre et le piment en plusieurs fois, jusqu'à ce que le poulet soit doré.

3 Remettez le poulet dans le wok et versez le sucre, la sauce de soja, la sauce nuoc mâm et le jus de citron vert ; faites revenir le tout en remuant sans cesse, jusqu'à épaississement de la sauce. Ajoutez les nouilles, les pousses de soja et les germes de blé frais, faites sauter le mélange à feu vif, en remuant vigoureusement, puis dressez le phad thai sur un plat. Parsemez de coriandre fraîche et servez aussitôt.

Par portion lipides 9,2 g ; 1 717 kJ

Suggestion de présentation Si un bol de phad thai peut constituer un repas à lui tout seul, les Thaïlandais l'accompagnent volontiers d'une soupe aux crevettes.

LES ASTUCES DU CHEF

Si vous n'aimez pas trop les saveurs fortes, épépinez les piments.

Vous pouvez remplacer le sucre de palme par du sucre brun ou roux.

Pain pitta au poulet

Pour 4 personnes.

PRÉPARATION 15 MINUTES • CUISSON 10 MINUTES

55 g de boulgour

500 g de poulet haché

3 c. s. de persil plat grossièrement ciselé

1 petit oignon rouge (100 g) finement haché

2 c. c. de zeste de citron finement râpé

1 c. s. de jus de citron

1 blanc d'œuf, légèrement battu

4 pains pitta complets

2 tomates moyennes (380 g) coupées en tranches épaisses

8 feuilles tendres de laitue ou de romaine

Mayonnaise au citron

100 g de mayonnaise allégée

2 c. s. de jus de citron

1 gousse d'ail écrasée

1 Versez le boulgour dans un petit saladier et recouvrez-le d'eau froide. Laissez gonfler pendant 10 minutes, puis égouttez. Avec les mains, pressez fortement pour ôter l'excédent d'eau.

2 Malaxez à la main le poulet, le persil, l'oignon, le zeste de citron, le jus de citron et le blanc d'œuf dans un grand saladier. Ajoutez le boulgour et mélangez le tout de manière à former une pâte onctueuse. Divisez cette pâte en 4 portions.

3 Préchauffez une grande poêle antiadhésive et faites cuire les croquettes sans couvrir, jusqu'à ce qu'elles soient bien dorées.

4 Ouvrez les pains pitta ; garnissez-les de tranches de tomate et de laitue, glissez une croquette à l'intérieur, puis assaisonnez de mayonnaise citronnée.

Mayonnaise au citron Mélangez tous les ingrédients dans un petit bol.

Par portion lipides 15,1 g ; 2 208 kJ

L'ASTUCE DU CHEF

Les croquettes de poulet peuvent être préparées à l'avance et réservées au réfrigérateur, voire au congélateur. La mayonnaise au citron se garde un jour au réfrigérateur.

Ragoût de poulet aux pommes de terre

Pour 4 personnes.

PRÉPARATION 15 MINUTES • CUISSON 30 MINUTES

- **1 c. s. d'huile d'arachide**
- **6 oignons nouveaux (150 g) en quartiers**
- **2 gousses d'ail écrasées**
- **700 g de blancs de poulet coupés en morceaux**
- **300 g de petites pommes de terre nouvelles coupées en quatre**
- **1 grosse carotte (180 g) coupée en morceaux**
- **35 g de farine**
- **80 ml de vin blanc sec**
- **420 ml de consommé de poulet**
- **500 g d'asperges vertes épluchées et coupées en deux**
- **2 c. s. de moutarde à l'ancienne**
- **1 c. s. de zeste de citron finement râpé**
- **3 c. s. de persil plat grossièrement ciselé**

1 Faites chauffer l'huile dans une poêle antiadhésive et faites revenir les oignons et l'ail en remuant sans cesse, jusqu'à ce que l'oignon soit fondant. Ajoutez le poulet et poursuivez la cuisson, sans cesser de remuer, jusqu'à ce que la viande soit dorée.

2 Ajoutez les pommes de terre, les carottes et la farine, mélangez bien et laissez cuire pendant 5 minutes en remuant toujours. Versez le vin et le consommé, augmentez le feu et prolongez la cuisson jusqu'à épaississement. Laissez alors frémir à couvert pendant 10 minutes, jusqu'à ce que les pommes de terre soient cuites.

3 Ajoutez les asperges, la moutarde et le zeste de citron, et portez à ébullition, puis baissez le feu et laissez frémir jusqu'à ce que les asperges soient cuites. Parsemez de persil et servez.

Par portion lipides 17,4 g ; 1 746 kJ

Suggestion de présentation Accompagnez d'une salade de radis et de feuille de chêne.

L'ASTUCE DU CHEF

Comme tous les plats mijotés, ce ragoût gagne à être préparé la veille et réchauffé au moment de servir.

Poulet aux lentilles

Pour 4 personnes.

PRÉPARATION 10 MINUTES • CUISSON 15 MINUTES

Ce plat se mange aussi bien chaud que froid, et peut donc être préparé à l'avance.

- **2 c. c. de cumin en poudre**
- **2 c. c. de coriandre en poudre**
- **1 c. c. de curcuma**
- **12 blancs de poulet (900 g)**
- **300 g de lentilles rouges**
- **1 gousse d'ail écrasée**
- **1 petit piment rouge épépiné et finement haché**
- **1 mini-concombre (130 g) épépiné et haché menu**
- **1 poivron rouge moyen (200 g) finement haché**
- **60 ml de jus de citron**
- **2 c. c. d'huile d'arachide**
- **2 c. s. de feuilles de coriandre fraîche grossièrement ciselées**
- **2 citrons verts coupés en quartiers**

1 Dans un saladier moyen, mélangez les épices et le poulet ; mélangez bien pour recouvrir le poulet d'épices.

2 Faites cuire les lentilles dans un grand volume d'eau bouillante jusqu'à ce qu'elles soient tendres, salez 5 minutes avant la fin de la cuisson, puis égouttez-les. Rincez-les sous l'eau froide et égouttez à nouveau. Versez les lentilles dans un grand saladier et ajoutez l'ail, le piment, le concombre, le poivron, le jus de citron, l'huile et la coriandre fraîche.

3 Pendant ce temps, faites griller le poulet jusqu'à ce qu'il soit doré des deux côtés et cuit à point, puis faites griller les citrons verts. Servez le poulet avec la salade de lentilles et les quartiers de citron grillés.

Par portion lipides 16,8 g ; 2 341 kJ

Suggestion de présentation Servie avec du pain lavash, cette recette rafraîchissante devient le plat principal pour un déjeuner d'été.

L'ASTUCE DU CHEF

Dans la salade, vous pouvez remplacer le piment par une cuillerée à café de harissa.

Blancs de poulet au chutney et riz pilaf

Pour 4 personnes.

PRÉPARATION 5 MINUTES • CUISSON 25 MINUTES

Si la plupart des plats indiens demandent une cuisson prolongée, cette recette vous offre toutes les saveurs de la cuisine exotique en un temps record.

- **1 c. s. d'huile végétale**
- **1 petit oignon (80 g) finement haché**
- **1 gousse d'ail écrasée**
- **1 c. c. de graines de moutarde noires**
- **1/2 c. c. de cardamome en poudre**
- **1/2 c. c. de cumin en poudre**
- **1/2 c. c. de garam masala**
- **1/2 c. c. de curcuma en poudre**
- **300 g de riz blanc à long grain**
- **750 ml de bouillon de poule**
- **2 c. s. de feuilles de coriandre fraîche grossièrement ciselées**
- **80 g de chutney de mangue**
- **2 c. s. d'eau**
- **4 blancs de poulet (680 g)**

1. Faites chauffer l'huile dans une sauteuse et faites revenir l'oignon, l'ail et les graines de moutarde en remuant sans cesse, jusqu'à ce que l'oignon soit fondant et que les graines soient bien saisies. Ajoutez les autres épices et continuez de remuer jusqu'à ce que le mélange embaume.
2. Ajoutez le riz en remuant toujours vigoureusement, puis versez le bouillon et portez à ébullition. Baissez le feu et laissez frémir sans couvrir, jusqu'à ce que le riz soit tendre. Ajoutez la coriandre ; réservez au chaud.
3. Pendant ce temps, mélangez le chutney et l'eau dans une petite casserole et faites chauffer en remuant sans cesse.
4. Badigeonnez les blancs de poulet de chutney et faites-les griller jusqu'à ce qu'ils soient dorés des deux côtés et cuits à point. Découpez-les en tranches épaisses. Servez accompagné de riz pilaf.

Par portion lipides 15,3 g ; 2 561 kJ

Suggestion de présentation Accompagnez d'une coupelle de chutney de mangue et d'un bol de raïta (yaourt au concombre).

L'ASTUCE DU CHEF
Le gril ne doit pas être trop chaud, pour éviter de brûler le chutney.

Blancs de poulet panés aux épices et au couscous

Pour 4 personnes.

PRÉPARATION 15 MINUTES • CUISSON 12 MINUTES

1/2 c. c. de cumin en poudre
1/2 c. c. de coriandre en poudre
1/2 c. c. de garam masala
1/2 c. c. de curcuma en poudre
250 ml de bouillon de poule
200 g de couscous
700 g de blancs de poulet
1 blanc d'œuf légèrement battu
2 épis de maïs épluchés (500 g)
2 tomates moyennes (380 g) épépinées et grossièrement hachées
1 petit avocat (200 g) grossièrement haché
2 c. s. de vinaigre de vin rouge
4 ciboules finement hachées

1. Préchauffez le four à haute température.
2. Dans une poêle antiadhésive préchauffée, faites griller les épices à sec, en remuant sans cesse, jusqu'à ce qu'elles embaument ; versez le bouillon et portez à ébullition, puis ajoutez la semoule de couscous. Retirez du feu et laissez gonfler à couvert pendant 5 minutes, jusqu'à absorption du liquide, en séparant les grains à la fourchette.
3. Trempez le poulet dans le blanc d'œuf, puis dans la semoule. Huilez légèrement un plat allant au four et disposez dedans les morceaux de poulet en une seule couche. Faites cuire à four chaud pendant 10 minutes environ. Couvrez et réservez au chaud.
4. Pendant ce temps, égrenez le maïs et faites-le cuire pendant 2 minutes dans un petit volume d'eau bouillante salée. Égouttez et rincez sous l'eau froide, puis égouttez à nouveau. Dans un saladier moyen, mélangez le maïs et le reste des ingrédients. Servez avec le poulet découpé en tranches épaisses.

Par portion lipides 19,1 g ; 2 515 kJ

Suggestion de présentation Rehaussez la saveur de la salade de maïs en y ajoutant quelques feuilles de coriandre fraîche grossièrement ciselées ou un piment finement haché. Vous pouvez aussi l'agrémenter de pousses de soja.

L'ASTUCE DU CHEF
Vous pouvez préparer la salsa trois heures à l'avance, en ajoutant l'avocat au dernier moment pour éviter qu'il noircisse ; conservez la salade couverte au réfrigérateur.

Croquettes de poisson à la thaïlandaise

Pour 4 personnes.

PRÉPARATION 15 MINUTES • CUISSON 10 MINUTES

- **6 c. s de feuilles de coriandre fraîche**
- **4 c. s. de feuilles de menthe fraîche**
- **4 petits piments rouges coupés en morceaux**
- **600 g de filets de poisson à chair ferme coupés en morceaux**
- **1 gousse d'ail coupée en morceaux**
- **1 blanc d'œuf légèrement battu**
- **250 g de vermicelles de riz**
- **2 c. c. de sucre**
- **60 ml de jus de citron vert**
- **1 c. s. de sambal oelek**
- **1 mini-concombre (130 g) épépiné et finement haché**
- **100 g de haricots mange-tout finement émincés**

1 Mixez la moitié de la coriandre, la moitié de la menthe et du piment, le poisson, l'ail et le blanc d'œuf de manière à former une pâte ; à la main, formez 12 croquettes.

2 Faites cuire ces croquettes en plusieurs fois dans une grande poêle antiadhésive préchauffée, jusqu'à ce qu'elles soient bien dorées.

3 Pendant ce temps, mettez les vermicelles dans un saladier et recouvrez-les d'eau bouillante. Laissez gonfler, puis égouttez. Réservez au chaud.

4 Mélangez le sucre, le jus de citron et le sambal oelek dans une petite casserole. Portez à ébullition, puis réduisez le feu et laissez frémir en remuant sans cesse, jusqu'à ce que le sucre soit fondu.

5 Hachez finement le reste de la coriandre, de la menthe et du piment. Versez dans un grand saladier, ajoutez les nouilles, la sauce, le concombre et les haricots mange-tout ; mélangez délicatement.

6 Servez les croquettes de poisson sur la salade de nouilles.

Par portion lipides 5,1 g ; 1 566 kJ

Suggestion de présentation
Le som tum, salade de papayes vertes à la fois épicée et acidulée, constitue un accompagnement idéal pour ces croquettes.

L'ASTUCE DU CHEF
Vous pouvez réaliser les croquettes de poisson à l'avance et les congeler crues. Décongelez lentement au réfrigérateur avant de les faire cuire.

Brochettes de poisson au pesto

Pour 4 personnes.

PRÉPARATION 10 MINUTES • CUISSON 15 MINUTES

Pour cette recette, n'importe quel poisson à chair ferme en darnes ou en filets convient. Faites tremper les piques de bambou au moins une heure avant emploi, pour éviter qu'elles ne cassent ou ne brûlent.

600 g de poisson à chair ferme en filets

1 c. s. de pesto

4 c. s. de persil plat finement ciselé

1/2 chou frisé (environ 600 g) finement émincé

65 g de câpres égouttés

1 c. c. de zeste de citron finement râpé

4 c. s. de menthe fraîche finement émincée

1 Découpez le poisson en cubes de 2 cm. Dans une grande assiette, mélangez le pesto et 1 cuillerée à soupe de persil plat, ajoutez les morceaux de poisson et remuez le tout. Enfilez les morceaux de poisson sur les piques de bambou.

2 Faites cuire les brochettes en plusieurs fois dans une grande poêle légèrement huilée et préchauffée. Réservez au chaud.

3 Mettez le chou dans la même poêle et faites-le revenir en remuant sans cesse, jusqu'à ce qu'il soit fondant. Ajoutez le reste de persil, les câpres, le zeste de citron et la menthe.

4 Servez les kebabs de poisson sur le chou.

Par portion lipides 5,2 g ; 813 kJ

Suggestion de présentation Accompagnez de riz blanc (vous pouvez ajouter le jus d'un citron dans l'eau de cuisson du riz).

Poisson pané au fromage et aux petits légumes

Pour 4 personnes.

PRÉPARATION 15 MINUTES • CUISSON 15 MINUTES

Pour confectionner la chapelure, prenez du pain un peu rassis et mixez-le.

- **70 g de chapelure**
- **45 g de flocons d'avoine**
- **1 c. s. de câpres égouttées et finement hachées**
- **2 c. c. de zeste de citron finement râpé**
- **20 g de parmesan finement râpé**
- **2 c. s. de persil plat finement ciselé**
- **1 c. s. d'huile de sésame**
- **4 filets de poisson de 150 g chacun**
- **75 g de farine**
- **2 blancs d'œufs légèrement battus**
- **1 grosse carotte (180 g) coupée en fines lanières**
- **2 branches de céleri (150 g) épluchées et finement émincées**
- **1 poivron vert moyen (200 g) finement émincé**
- **6 ciboules finement hachées**
- **1 petit piment rouge épépiné et finement haché**
- **1 c. s. de graines de sésame**

1 Préchauffez le four à haute température.

2 Dans un saladier moyen, mélangez la chapelure, les flocons d'avoine, les câpres, le zeste de citron, le fromage, le persil et l'huile. Roulez les filets de poisson dans la farine, secouez-les pour ôter l'excédent et passez-les dans le blanc d'œuf, puis dans le mélange de chapelure.

3 Disposez les filets en une seule couche dans un plat allant au four et faites cuire sans couvrir à four chaud pendant 15 minutes, jusqu'à ce que les filets soient cuits.

4 Pendant ce temps, faites revenir la carotte une poêle antiadhésive préchauffée. Ajoutez le céleri, le poivron, l'oignon, le piment et les graines de sésame, et remuez jusqu'à ce que les légumes soient tendres.

5 Servez le poisson en tranches sur les légumes sautés.

Par portion lipides 11,9 g ; 1 746 kJ

Suggestion de présentation Accompagnez de quartiers de citron vert.

L'ASTUCE DU CHEF
Vous pouvez préparer les panés plusieurs heures à l'avance et les conserver au réfrigérateur.

Poisson et courgettes en papillotes

Pour 4 personnes.

PRÉPARATION 15 MINUTES • CUISSON 10 MINUTES

- **4 filets de poisson blanc à chair ferme de 200 g chacun**
- **2 courgettes vertes moyennes (240 g)**
- **2 courgettes jaunes moyennes (240 g)**
- **4 tomates moyennes (760 g) en tranches fines**
- **80 ml de vin blanc sec**
- **poivre noir grossièrement moulu**
- **2 c. s. de vinaigre balsamique**
- **2 c. s. de petites feuilles de basilic frais**

1. Préchauffez le four à très haute température.
2. Coupez les filets de poisson en deux dans le sens de la longueur. À l'aide d'un couteau économe, détaillez les courgettes en longs rubans.
3. Disposez 4 morceaux de poisson sur des feuilles de papier sulfurisé légèrement huilées ; recouvrez chaque morceau de poisson de rubans de courgettes, puis d'un autre morceau de poisson. Découpez 8 tranches de tomates en deux ; disposez 4 morceaux de tomates sur chaque papillote. Versez délicatement un peu de vin que chaque papillote et saupoudrez de poivre.
4. Refermez les papillotes et disposez-les dans un plat de cuisson. Faites cuire à four très chaud pendant 10 minutes environ.
5. Disposez le reste de tomates sur les assiettes, assaisonnez de vinaigre balsamique et parsemez de basilic, puis dressez les papillotes dessus sans les ouvrir.

Par portion lipides 5 g ; 1 099 kJ

Suggestion de présentation Accompagnez d'une salade verte et de pommes de terre cuites à la vapeur.

L'astuce du chef

Vous pouvez réaliser les papillotes plusieurs heures à l'avance et les conserver au réfrigérateur.

Papillotes de poisson à la thaïlandaise

Pour 4 personnes.

PRÉPARATION 10 MINUTES • CUISSON 15 MINUTES

200 g de nouilles de riz
4 filets de daurade de 150 g chacun
150 g de pousses de bok choy hachées
150 g de mange-tout coupés en fines lanières
2 c. s. de citronnelle fraîche finement émincée
1 c. c. de sauce de soja
2 c. s. de sauce chili douce
2 c. s. de jus de citron vert
1 c. s. de feuilles de coriandre fraîche grossièrement ciselées

1 Préchauffez le four à haute température.

2 Faites tremper les nouilles dans un grand saladier d'eau bouillante. Laissez gonfler, puis égouttez.

3 Divisez les nouilles en 4 portions égales ; disposez chaque part sur une feuille de papier sulfurisé. Placez le poisson sur les nouilles, puis garnissez de bok choy, de mange-tout et de citronnelle. Mélangez la sauce de soja, la sauce chili et le jus de citron vert, et nappez les filets de poisson de cette préparation. Fermez les papillotes et disposez-les sur la plaque du four.

4 Faites cuire les papillotes à four chaud pendant 15 minutes. Au moment de servir, ouvrez les papillotes et parsemez-les de coriandre fraîche.

Par portion lipides 4,4 g ; 1 393 kJ

Suggestion de présentation Accompagnez de quartiers de citron vert ou d'une salade de pamplemousse.

L'astuce du chef

Vous pouvez préparer les papillotes de poisson plusieurs heures à l'avance et les conserver au réfrigérateur.

Tartines au jambon et aux asperges

Pour 4 personnes.

PRÉPARATION 10 MINUTES • CUISSON 10 MINUTES

- **340 g d'asperges en bocal égouttées**
- **1 miche de pain pide (pain turc)**
- **2 tomates moyennes (380 g) en rondelles**
- **200 g de jambon sans gras en lanières fines**
- **2 c. s. de basilic frais grossièrement ciselé**
- **1 petit oignon rouge (100 g) finement émincé**
- **100 g de mozzarella maigre grossièrement râpée**

1. Écrasez les asperges à la fourchette jusqu'à obtention d'une purée presque lisse.
2. Coupez le pain en quatre, puis ouvrez chaque morceau en deux. Faites-le griller légèrement.
3. Tartinez le pain de crème d'asperges, garnissez de jambon, de basilic et d'oignon, puis recouvrez de mozzarella. Faites griller à four chaud jusqu'à ce que le fromage soit fondu.

Par portion lipides 9,2 g ; 1 623 kJ

Tartines au thon et à la tomate

Pour 4 personnes.

PRÉPARATION 10 MINUTES • CUISSON 5 MINUTES

- **1 c. s. de câpres égouttées et finement hachées**
- **2 c. c. d'aneth frais finement ciselé**
- **2 c. c. d'huile d'olive**
- **2 c. s. de jus de citron**
- **1 miche de pain pide (pain turc)**
- **4 tomates moyennes (760 g) épépinées et finement tranchées**
- **4 ciboules finement émincées**
- **250 g de thon fumé en boîte, égoutté**

1. Dans un petit saladier, mélangez les câpres, l'aneth, l'huile et le jus de citron.
2. Coupez le pain en quatre, puis en deux dans l'épaisseur. Faites-le griller légèrement.
3. Répartissez le mélange tomate-oignon sur les tartines ; garnissez de thon et nappez de sauce aux câpres.

Par portion lipides 4,5 g ; 1 317 kJ

Tartines aux légumes

Pour 4 personnes.

PRÉPARATION 30 MINUTES • CUISSON 30 MINUTES

- 3 grosses carottes (540 g) grossièrement hachées
- 60 ml de petit-lait
- 2 c. c. de cumin en poudre
- 2 c. c. de coriandre en poudre
- 2 gros poivrons rouges (700 g)
- 4 petites aubergines (240 g) en tranches fines
- 1 gros oignon rouge (300 g) grossièrement émincé
- 180 g de champignons grossièrement émincés
- 400 g de cœurs d'artichauts en boîte égouttés et grossièrement hachés
- 1 miche de pain pide (pain turc)
- 125 g de cheddar maigre grossièrement râpé

1. Faites cuire les carottes à l'eau, puis égouttez-les. Mixez-les avec le petit-lait jusqu'à obtention d'une purée lisse.
2. Dans une poêle antiadhésive, faites griller les épices à sec en remuant sans cesse, jusqu'à ce que le mélange embaume. Mélangez à la purée de carottes et réservez au chaud.
3. Coupez les poivrons en quatre, retirez les graines et les membranes et faites-les griller à four très chaud, jusqu'à ce que la peau se boursoufle et noircisse. Retirez-les du four et enveloppez-les dans une feuille de papier d'aluminium ou dans du film alimentaire. Laissez reposer quelques minutes, puis ôtez la peau et découpez les poivrons en fines lanières.
4. Faites cuire séparément les aubergines, l'oignon, les champignons et les cœurs d'artichauts sur la plaque du four légèrement huilée, jusqu'à ce qu'ils soient dorés et tendres.
5. Coupez le pain en quatre, puis en deux dans l'épaisseur, et faites-le griller légèrement.
6. Tartinez les toasts avec la purée de carottes, puis recouvrez de légumes. Saupoudrez de cheddar râpé et faites griller à four très chaud jusqu'à ce que le fromage soit fondu.

Par portion lipides, 6,4 g ; 1 762 kJ

Les tartines

Pour un déjeuner léger ou pour calmer une fringale, ces quelques recettes ne vous feront pas prendre un gramme…

Les desserts

Ce n'est pas parce que vous êtes au régime que toutes les douceurs vous sont interdites. Voici quelques suggestions de desserts rapides à préparer et très légers, qui vous permettront de vous régaler en famille sans réduire à néant tous vos efforts…

Clafoutis de quetsches

Pour 4 personnes.

PRÉPARATION 15 MINUTES • CUISSON 40 MINUTES

>375 ml de crème pâtissière allégée
>35 g de farine avec levure incorporée
>1 jaune d'œuf
>2 blancs d'œufs
>825 g de quetsches fraîches coupées en deux
>2 c. c. de sucre glace

1. Préchauffez le four à température modérée.
2. Dans un saladier moyen, mélangez la crème pâtissière, la farine et le jaune d'œuf.
3. Battez les blancs d'œufs en neige, puis incorporez-les délicatement au mélange de crème. Versez le tout dans un plat à tarte de 24 cm de diamètre.
4. Disposez les quetsches, côté peau tourné vers le haut, sur la crème. Enfournez le plat.
5. Faites cuire à four modéré sans couvrir pendant 40 minutes environ, jusqu'à ce que la crème soit ferme.
6. Au moment de servir, saupoudrez de sucre glace.

Par portion lipides 2,6 g ; 1 019 kJ

Suggestion de présentation Accompagnez d'une cuillerée de glace allégée.

L'ASTUCE DU CHEF
Vous pouvez remplacer les quetsches par des abricots ou des pêches.

Riz crémeux à la rhubarbe et aux framboises

Pour 4 personnes.

PRÉPARATION 10 MINUTES • CUISSON 1 HEURE

Le riz est cuit dans le lait, selon une recette qui nous viendrait de Grèce.

1 l de lait écrémé
100 g de riz rond
150 g de sucre en poudre
500 g de rhubarbe épluchée et coupée en morceaux
55 g de sucre en poudre pour la compote de rhubarbe
200 g de framboises

1 Dans une casserole moyenne, mélangez le lait et le sucre et portez à ébullition. Versez le riz, puis réduisez le feu. Laissez frémir à couvert pendant 1 heure, en remuant de temps en temps à l'aide d'une cuillère en bois.

2 Pendant ce temps, faites cuire la rhubarbe avec le sucre pendant 10 minutes, à feu doux, en remuant sans cesse. Vous pouvez rajouter 1 à 2 cuillerées à soupe d'eau pour éviter que le mélange n'attache.

3 Servez le riz au lait et la compote de rhubarbe dans des coupelles individuelles, et décorez de framboises entières.

Par portion lipides 0,7 g ; 1 852 kJ

LES ASTUCES DU CHEF

Vous pouvez remplacer les framboises par d'autres fruits rouges : mûres, fraises, groseilles, cassis…

Pour apporter une touche originale à ce dessert, parfumez le riz au lait d'une pincée de noix de muscade ou de cardamone.

Moelleux au moka

Pour 4 personnes.

PRÉPARATION 10 MINUTES • CUISSON 45 MINUTES

Moka est le nom d'un port du Yémen, sur les rives de la mer Rouge, d'où était exporté au XVIIIe siècle un café renommé. Ce mot désigne aujourd'hui une délicieuse alliance de café et de chocolat.

150 g de farine à levure incorporée
35 g de cacao en poudre
165 g de sucre en poudre
2 1/2 c. c. de café soluble
125 ml de lait écrémé
1 c. s. d'huile végétale
100 g de sucre brun
310 ml d'eau bouillante
1 c. s. de sucre glace

1 Préchauffez le four à température modérée.

2 Dans un plat de 1,25 litre allant au four, mélangez la farine tamisée, 2 cuillerées à soupe de cacao, le sucre et 2 cuillerées à café de café soluble ; ajoutez progressivement le lait et l'huile en remuant sans cesse.

3 Dans un petit bol, mélangez le sucre brun, le reste de cacao et de café soluble, et versez cette sauce sur la pâte ; recouvrez délicatement d'eau bouillante sans la mélanger avec la préparation. Faites cuire le moelleux à four modéré pendant 45 minutes. Laissez tiédir, puis saupoudrez de sucre glace et servez aussitôt.

Par portion lipides 6,3 g ; 2 073 kJ

Suggestion de présentation Accompagnez de framboises ou de myrtilles et d'une bonne cuillerée à soupe de crème fraîche épaisse… allégée bien sûr.

Bouchées au citron et aux fruits de la passion

Pour 8 gâteaux individuels.

PRÉPARATION 10 MINUTES • CUISSON 25 MINUTES

185 g de farine à levure incorporée
110 g de sucre en poudre
2 c. c. de zeste de citron finement râpé
1 œuf légèrement battu
40 g de beurre fondu
2 c. s. de lait écrémé
210 g de yaourt maigre
250 ml d'eau
1 c. c. de Maïzena
125 ml de pulpe de fruits de la passion
2 c. s. de zeste de citron en lanières fines

1 Préchauffez le four à température modérée.
2 Huilez un moule à muffins.
3 Dans un saladier moyen, mélangez la farine, la moitié du sucre et le zeste de citron. Ajoutez l'œuf, le beurre, le lait et le yaourt. Répartissez la pâte dans les cavités du moule et faites cuire à four modéré pendant 25 minutes environ. Laissez reposer les gâteaux dans les moules pendant 5 minutes, puis démoulez sur une grille.
4 Pendant ce temps, versez l'eau et le reste de sucre dans une petite casserole. Faites chauffer en remuant sans cesse, jusqu'à ce que le sucre soit fondu. Portez à ébullition, puis baissez le feu et laissez frémir sans couvrir pendant 10 minutes, jusqu'à épaississement du sirop. Ajoutez alors la Maïzena et la pulpe de fruits de la passion. Laissez cuire à feu modéré, sans cesser de remuer, jusqu'à épaississement. Filtrez le sirop dans une saucière, ajoutez le zeste en lanières et laissez refroidir. Servez avec les bouchées au citron.

Par portion lipides 5,1 g ; 822 kJ

Suggestion de présentation Décorez chaque assiette de quelques fruits rouges.

Croustillant à l'ananas

Pour 4 personnes.

PRÉPARATION 10 MINUTES • CUISSON 20 MINUTES

850 g d'ananas en boîte égoutté et écrasé

2 petites poires fermes (360 g) grossièrement hachés

1 c. s. de Malibu

150 g de mélange de céréales et fruits

2 c. s. de graines de courges

2 c. s. de graines de tournesol

95 g de yaourt maigre

2 c. s. de miel

1. Préchauffez le four à température modérée.
2. Huilez 4 ramequins de 250 ml allant au four ; disposez-les sur la plaque du four.
3. Dans un saladier moyen, mélangez l'ananas, les poires et le Malibu ; répartissez la préparation dans les ramequins.
4. Dans le même saladier, émiettez les céréales ; ajoutez les graines de courges et de tournesol, le yaourt et le miel. Répartissez ce mélange dans les ramequins ; faites cuire sans couvrir à four modéré pendant 20 minutes, jusqu'à ce que le dessus dore légèrement.

Par portion lipides 8 g ; 1 713 kJ

Suggestion de présentation Décorez avec une cuillerée à soupe de yaourt maigre ou de glace allégée et un coulis de fruits de la passion ou encore un peu de miel liquide.

L'ASTUCE DU CHEF

Vous pouvez remplacer l'ananas par des abricots ou des pêches en boîte, égouttées et détaillées en gros morceaux.

Meringue à la ricotta et aux fruits rouges

Pour 4 personnes.

PRÉPARATION 15 MINUTES

Cette recette marie généreusement onctuosité et craquant. On peut la préparer avec d'autres fruits (pêches ou abricots en boîte, compote de pomme à la cannelle), mais les fruits rouges en font un délicieux dessert d'été, à déguster par exemple en conclusion d'un repas champêtre.

200 g de framboises
200 g de myrtilles
200 g de fraises coupées en quatre
400 g de ricotta maigre
80 ml de jus d'orange
80 ml de sirop d'érable
20 g de meringue émiettée
1 c. s. d'amandes effilées grillées

1 Dans un saladier moyen, mélangez délicatement les fruits rouges.

2 Mixez la ricotta avec le jus d'orange et le sirop d'érable, jusqu'à obtention d'une crème onctueuse.

3 Répartissez un quart de ce mélange crémeux dans 4 coupes à dessert ; garnissez de fruits rouges, remettez une couche de crème et ainsi de suite, en finissant par les fruits rouges.

4 Saupoudrez de meringue et d'amandes. Laissez reposer au réfrigérateur pendant 3 heures au moins.

Par portion lipides 11 g ; 1 226 kJ

Suggestion de présentation Au moment de servir, nappez d'un coulis de fruits rouges.

Pudding aux pommes et aux figues sèches

Pour 4 personnes.

PRÉPARATION 20 MINUTES • CUISSON 50 MINUTES

Pour cette recette, choisissez de préférence des pommes un peu acides (Granny Smith ou Golden).

- **2 c. s. de miel**
- **2 c. s. d'eau**
- **8 tranches de pain blanc**
- **1 pomme moyenne (150 g), coupée en tranches fines**
- **12 figues sèches (200 g) coupées en deux**
- **500 ml de lait écrémé**
- **2 œufs**
- **2 c. s. de sucre en poudre**
- **2 c. c. de cannelle en poudre**
- **2 c. c. de sucre glace**

1 Préchauffez le four à température modérée. Dans une petite casserole, faites chauffer l'eau et le miel à feu doux, jusqu'à dissolution du miel.

2 Retirez la croûte du pain. Découpez les tranches en deux, en diagonale ; badigeonnez chaque tranche, sur les deux faces, du sirop de miel. Huilez légèrement un plat rectangulaire de 1,25 litre allant au four et disposez les tranches de pain en intercalant entre deux tranches des quartiers de pommes et des figues (voir photographie ci-contre).

3 Dans un saladier moyen, fouettez ensemble le lait, les œufs et le sucre ; filtrez le mélange à travers une passoire, afin d'enlever la mousse. Versez la moitié de ce liquide dans le plat, laissez reposer 5 minutes ; versez alors le reste de lait et saupoudrez de cannelle.

4 Placez le plat dans un récipient plus grand rempli jusqu'à mi-hauteur d'eau bouillante. Faites cuire à four modéré pendant 45 minutes environ, jusqu'à ce que le dessus soit doré et que le pudding soit cuit. Avant de servir, saupoudrez de sucre glace.

Par portion lipides 3 g ; 1 185 kJ

Suggestion de présentation Servez ce pudding chaud ou tiède, avec du yaourt maigre aromatisé au miel et à la cannelle.

L'ASTUCE DU CHEF

Retirez le pudding du bain-marie dès qu'il a fini de cuire pour éviter qu'il n'épaississe trop.

Crème au chocolat

Pour 4 personnes.

PRÉPARATION 5 MINUTES

**2 c. c. de café soluble
1 c. c. d'eau chaude
120 g de chocolat noir fondu
400 g de fromage blanc à 0 %
1 sachet de sucre vanillé
1 c. s. de crème de whisky**

1 Dans un saladier moyen, mélangez le café et l'eau, puis ajoutez le chocolat fondu, le fromage blanc et la liqueur de whisky. Mélangez bien.

2 Répartissez cette crème dans 4 coupes à dessert ; laissez reposer au moins 30 minutes au réfrigérateur.

Par portion lipides 9,1 g ; 1 072 kJ

Suggestion de présentation
Ce dessert est encore meilleur accompagné de fruits rouges frais.

L'astuce du chef
Vous pouvez préparer cette crème la veille et la conserver au réfrigérateur jusqu'au moment de servir.

Oranges caramélisées

Pour 4 personnes.

PRÉPARATION 10 MINUTES • CUISSON 10 MINUTES

4 grosses oranges (1,2 kg)
2 c. s. de sucre brun
2 c. s. de Grand-Marnier
200 g de glace à la vanille allégée

1 Pelez les oranges à vif, puis coupez-les en rondelles épaisses.

2 Disposez les oranges en une seule couche sur la plaque du four. Saupoudrez de sucre, mouillez de Grand-Marnier. Faites griller les oranges en les retournant à mi-cuisson, jusqu'à ce qu'elles soient caramélisées.

3 Répartissez les tranches d'orange sur des assiettes à dessert, décorez d'une boule de glace et nappez le tout avec le jus de cuisson des oranges récupéré sur la plaque du four.

Par portion lipides 3,2 g ; 898 kJ

Pancakes pommes-cannelle au sirop d'érable

Pour 4 personnes (8 pancakes).

PRÉPARATION 20 MINUTES • CUISSON 20 MINUTES

150 g de farine à levure incorporée
50 g de sucre brun
1/2 c. c. de cannelle
125 ml de lait écrémé
1 jaune d'œuf
110 g de compote de pommes en boîte, avec des morceaux
2 blancs d'œufs
2 pommes Granny Smith épluchées et coupées en quartiers
2 c. s. de sucre brun pour la cuisson des pommes
200 g de glace à la vanille allégée
2 c. s. de sirop d'érable

1 Dans un grand saladier, mélangez la farine, le sucre, la cannelle, le lait, le jaune d'œuf et la compote de pommes.

2 Battez les blancs d'œufs en neige ferme ; incorporez-les délicatement à la pâte.

3 Versez un peu de pâte dans une poêle antiadhésive préchauffée et faites dorer le pancake des deux côtés. Répétez l'opération avec le reste de pâte, puis réservez au chaud.

4 Dans la même poêle, faites revenir les quartiers de pommes et le sucre à feu doux, en remuant sans cesse, jusqu'à ce que les pommes soient caramélisées.

5 Disposez les pancakes sur les assiettes à dessert. Garnissez de pommes caramélisées, puis de glace à la vanille ; versez le sirop d'érable en filet.

Par portion lipides 2,1 g ; 1 157 kJ

Suggestion de présentation Vous pouvez remplacer la glace à la vanille par un autre parfum. Si vous optez pour une saveur puissante, supprimez le sirop d'érable dont le goût délicat risquerait d'être caché par celui de la glace.

Glossaire

Alcools et liqueurs
L'alcool est facultatif. Il a pour vocation de donner une saveur particulière. Pour respecter le taux de liquidité nécessaire à une recette, on peut aussi le remplacer par des jus de fruits ou de l'eau.

Cointreau Liqueur à l'orange.

Frangelico Liqueur à la noisette.

Grand Marnier Liqueur à l'orange.

Malibu Liqueur à la noix de coco.

Tia Maria Liqueur au café.

Amandes
Mondées Épluchées.

Effilées En fines lamelles.

Aneth
Plante ombellifère au léger goût d'anis dont les feuilles et les plantes sont utilisées comme assaisonnement.

Artichauts (cœur)
Centre de l'artichaut qui est la partie la plus tendre. On peut utiliser des cœurs d'artichauts frais ou les acheter en boîte ou en saumure dans des bocaux.

Asperges
Plante vivace à tige souterraine. La pointe est la partie la plus tendre et la plus fine.
Les asperges vertes cuisent très rapidement, contrairement aux asperges blanches.

Blanchir
Cuire partiellement les aliments (d'ordinaire les légumes et les fruits) très brièvement dans de l'eau bouillante puis les égoutter et les plonger dans l'eau froide.

Bok choy
Aussi connu sous le nom de chou blanc chinois, comparable aux blettes. Ce légume a un goût frais, légèrement moutardé. Excellent sauté ou braisé. Les pousses de bok choy sont plus tendres et plus délicates.

Bœuf
Pour les recettes de cet ouvrage, utilisez de préférence une pièce de bœuf tendre et maigre. Filet et rumsteck sont de tout premier choix, mais on peut les remplacer par du faux-filet, de l'entrecôte, des aiguillettes, du daloyau, de l'onglet, de la bavette ou encore de la tranche à fondue, bien que certains de ces morceaux soient moins tendres.

Bouillon
Une tablette (ou 1 cuillerée à café de bouillon en poudre) permet d'obtenir 250 ml de bouillon. Si vous préférez le préparer vous-même, référez-vous à la recette page 119.

Boulgour
Grains de blé décortiqués et cuits à la vapeur qui, une fois secs, sont broyés selon différentes tailles. Utilisé dans la cuisine du Moyen-Orient, pour le taboulé par exemple.

Brocoli
Légume de la famille du chou. Doit être coupé en « fleurs » avant la cuisson. Les tiges se consomment, mais nécessitent une cuisson plus longue.

Brocoli chinois
Légume vert à longues feuilles. On peut le remplacer par des blettes.

Cajun (sauce ou épices)
Mélange de paprika, de basilic, d'oignons, de fenouil, de thym, de poivre de Cayenne et d'estragon. Utilisé dans la cuisine de la Louisiane.

Cantaloup
Variété de melon du sud de la France.

Câpres
Boutons à fleurs d'une plante méditerranéenne, cuits dans du vinaigre ou séchés et salés. Goût piquant qui relève sauces et condiments.

Cardamome
En gousses, en graines ou en poudre. Saveur caractéristique très parfumée, poivrée et douce à la fois.

Céréales
Paillettes de son Céréale de petit déjeuner faite de son non raffiné enrichi de vitamines.

Son non raffiné Fait de la partie externe d'une céréale, le plus souvent l'enveloppe du blé, du riz ou de l'avoine.

Céréales de petit déjeuner On en trouve une grande variété dans les grands magasins. Elles se composent le plus souvent de céréales complètes, de sel, de sucre, d'extrait de malt et de divers minéraux et vitamines. Ce type de céréales comprend aussi les grains de riz soufflés, les corn-flakes et les flocons d'avoine.

Muesli Mélange de céréales et de fruits secs, à consommer nature ou avec du lait ou un yaourt au petit déjeuner. On le trouve plus particulièrement dans les magasins diététiques, mais également dans les grandes surfaces.

Chili (sauce)
Sauce thaïlandaise sucrée faite de piments, de sucre, d'ail et de vinaigre. Vendue dans les magasins de produits asiatiques.

Champignons
Brun suisse Champignon allant du marron clair au marron foncé ; goût léger.

Champignon de Paris Petit champignon blanc au goût délicat.

Shiitake Petit champignon frais au goût de viande.

Muerr Également appelés « oreilles des bois ». Ils sont décoratifs et d'une saveur douce et aromatique.

Chapelure
Poudre élaborée avec du pain rassis réduit en miettes. On trouve de la chapelure toute prête dans le commerce.

Cheddar
Fromage de vache à pâte orangée, au goût assez prononcé. À consommer de préférence vieilli et dur. On peut le remplacer par de la mimolette, mais celle-ci est moins savoureuse.

Chou chinois
Également connu sous le nom de chou de Pékin. Ressemble un peu à une romaine, mais son goût est plus proche du chou vert.

Choy sum
Légume chinois à grandes feuilles.

Chutney
Condiment d'origine indienne à base de fruits ou de légumes (mangues, tomates, oignons, pommes…) cuisinés dans le sucre et le vinaigre.

Ciboule
Voir Oignon.

Ciboulette
Plante de la famille de l'oignon, dont les feuilles creuses et minces, au goût subtil d'oignon, sont employées comme condiment. On peut lui substituer des tiges de ciboules, à la saveur plus prononcée, mais moins délicate.

Cinq-épices
Mélange parfumé de cannelle, de clous de girofle, d'anis étoilé, de poivre du Sichuan et de fenouil. En poudre.

Cive
Petits oignons d'un blanc rosé, très jeunes, à peines bulbeux, vendus avec leurs pousses vertes. Peuvent être remplacés par des oignons nouveaux. Les tiges vertes peuvent être remplacées par de la ciboulette.

Citron confit
Provient d'Afrique du Nord. Les citrons sont conservés dans un mélange de sel et de jus de citron. Pour les cuisiner, ôtez la pulpe, pressez la peau, rincez-la et découpez en lanières. Vous en trouverez dans les épiceries exotiques ; à conserver au réfrigérateur.

Citronnelle
Herbe longue, touffue, au goût et à l'odeur de citron. On hache l'extrémité blanche des tiges. Utilisée dans de nombreuses cuisines asiatiques, ainsi qu'en tisane.

Coco
Crème Première pression de la chair mûre des noix. Disponible en boîte ou en berlingot.

Lait Deuxième pression (moins calorique). Disponible en boîte ou en berlingot.

On trouve aussi du lait de coco écrémé.

Coriandre
Aussi appelée persil arabe ou chinois, car on la trouve beaucoup dans la cuisine nord-africaine et asiatique ; on utilise les feuilles, les racines, ou les graines, qui n'ont pas du tout le même goût.

Couscous
Céréale en grains fins, originaire d'Afrique du Nord. Confectionnée avec de la semoule roulée en boules.

Crème fraîche
35 % de matières grasses minimum. Sans additifs, contrairement à la crème épaissie. On peut souvent la remplacer par du fromage blanc, moins riche, ou de la crème fraîche allégée (18 % de matières grasses).

Curcuma
Cette épice de la famille du gingembre est une racine qu'on réduit en poudre ; elle possède une saveur épicée mais pas piquante.

Curry
Feuilles On les trouve fraîches ou sèches. Elles ont un léger goût de curry. Employées comme les feuilles de laurier.

Pâte Certaines recettes de cet ouvrage requièrent des pâtes de curry vendues dans le commerce, plus ou moins relevées, de la sauce Tikka, assez douce, à la Vindaloo, très épicée, en passant par la Madras, moyennement forte. Choisissez celle qui vous convient selon vos goûts en la matière.

Poudre Mélange d'épices moulues, commode pour préparer des plats indiens. Comporte, dans des proportions diverses, du piment séché, de la cannelle, de la coriandre, du cumin, du fenouil, du fenugrec, du macis, de la cardamone et du turmeric. Choisissez celle qui vous convient.

Épinards chinois
Légumes à grandes feuilles vendues avec les racines qui sont rouge rosé. Les jeunes pousses et les feuilles sont les plus tendres.

Farine
À levure incorporée à levure est souvent composée de 2/3 de crème de tarte et de 1/3 de bicarbonate de soude ; 10 g de levure pour 230 g de farine.

De blé Pour tous usages.

De sarrasin Ou farine de blé noir. Elle présente une saveur légèrement plus aigre que la farine de blé.

Feta
Fromage de brebis, d'origine grecque, dur et friable, au goût très fort.

Feuilles de riz
flocons d'avoine
Grains d'avoine cuits à la vapeur et aplatis. Variété traditionnelle.

Garam masala
Mélange d'épices originaires du nord de l'Inde. Inclut généralement de la cardamone, de la cannelle, des clous de girofle, de la coriandre, du fenouil et du cumin, grillés et moulus ensemble. Les proportions varient selon les préparations. On ajoute parfois du poivre noir et du chili pour relever le goût.

Germes
Pousses tendres d'une variété de haricots et de graines que l'on fait germer pour être consommés. On trouve principalement des germes de soja, , de blé, de haricots mung et d'alfalfa.

Gingembre
Frais C'est la racine épaisse et noueuse d'une plante tropicale. On peut le conserver, pelé et recouvert de xérès sec au réfrigérateur, ou nature, au congélateur.

Moulu On l'utilise pour parfumer des gâteaux. Pour la cuisine, il n'est qu'un mauvais substitut du gingembre frais.

Rose Coupé en fines lamelles, il est conservé dans du vinaigre et du sucre auxquels on a ajouté un colorant. Il est vendu en bocal dans les boutiques asiatiques.

Gnocchis
Pâtes ovales à base de pomme de terre, semoule ou de farine ; cuites dans de l'eau ou bien au four avec une sauce.

Gressins
Petits pains croustillants, en forme de bâtonnets.

Haricots
Beurre D'une couleur jaune pâle, ils se cuisinent comme les haricots verts.

Blancs Graines de haricots sèches, plus ou moins grosses selon les espèces : lingots, cocos, Soissons, haricots tarbais… Nécessitent souvent un trempage préalable à la cuisson (eau froide puis ébullition plus ou moins longue selon les espèces).

Rouges Haricots secs, plus farineux et plus sucrés que les haricots blancs. Leur couleur varie du rose au rouge marron.

Verts Mince et cylindrique, on le mange juste cuit pour lui garder tout son croquant.

Herbes
Nous spécifions si nous employons des herbes fraîches ou sèches. 1 cuillerée d'herbes sèches équivaut à 4 cuillerées d'herbes fraîches.

Huile
Arachide À base de cacahuètes moulues. La plus utilisée dans la cuisine asiatique parce qu'elle chauffe sans fumée.

Huile de graines de moutarde Une huile légère, obtenue par la première pression de graines de moutarde. Peut être remplacée par de l'huile de noisettes ou de noix.

Olive Celles de meilleure qualité sont vierges ou extra-vierges et proviennent du premier pressage de la récolte. Excellente dans les salades et comme ingrédient. Les « légères » ont moins de goût, mais contiennent tout autant de calories.

Sésame À base de graines de sésame blanches rôties et pilées. Plus pour parfumer que pour cuisiner.

Végétale À base de plantes et non de graisses animales.

Huîtres (sauce aux)
D'origine asiatique, cette sauce brune, riche, est à base d'huîtres en saumure, cuites avec du sel et de la sauce de soja et épaissie avec de la fécule.

Ketjap manis
Sauce de soja indonésienne, épaisse et sucrée, contenant du sucre et des épices.

Kumara
Patate douce de couleur orange. Vendue dans les magasins de produits exotiques.

Maïs
Les jeunes épis de maïs sont vendus frais ou en boîte dans la plupart des supermarchés et les épiceries asiatiques.

Maïzena
Farine de maïs. Sert à épaissir.

Mesclun
Assortiment de diverses salades et jeunes pousses.

Moutarde
Graines de moutarde noires ou marron Plus fortes que les graines blanches (ou jaunes) utilisées dans la plupart des moutardes.

Moutarde à l'ancienne Très parfumée, avec des graines concassées.

Moutarde de Dijon Jaunâtre, lisse et assez douce.

Mozzarella
Petites boules rondes de fromage frais, conservées dans leur petit-lait, à garder au réfrigérateur. La « mozzarella di buffala » (au lait de bufflonne), a un goût plus prononcé que la mozzarella au lait de vache. On trouve dans les épiceries italiennes de la mozzarella fumée.

Noix de pécan
Originaire des États-Unis. Elle est plus huileuse que la noix ordinaire. On la trouve dans les grands magasins et les magasins diététiques.

Nouilles
Aux œufs frais À base de farine de blé et d'œufs. Il en existe toute une variété.

Au riz, fraîches Larges, épaisses, presque blanches. À base de riz et d'huile végétale. Doivent être couvertes d'eau bouillante pour éliminer l'amidon et l'excédent de graisse. Utilisées dans les soupes, ou sautées.

De soja Blanches, vendues sous forme de petits paquets ficelés dans les épiceries asiatiques. À consommer dans les soupes, les salades, ou sautées avec des légumes.

Hokkien Nouilles de blé fraîches ressemblant à un épais spaghetti brun-jaune. Doivent être précuites.

Soba Nouilles japonaises fines à base de sarazin.

Vermicelles de riz À base de riz moulu. Les consommer soit frites, soit sautées après les avoir fait tremper, ou bien dans une soupe.

Nuoc mâm
Sauce à base de poisson fermenté salé réduit en poudre – généralement des anchois. Très odorante, elle a un goût très marqué. Il en existe des plus ou moins fortes.

Oignon
Ciboule En fait, une variété d'ail. Ses feuilles creuses se consomment aussi crues.

De printemps Bulbe blanc, relativement doux aux longues feuilles vertes et croustillantes.

Jaune Oignon à chair piquante ; utilisé dans toutes sortes de plats.

Rouges Également appelés oignons espagnols. Plus doux que les blancs ou les jaunes, ils sont délicieux crus dans les salades.

Vert Oignon cueilli avant la formation du bulbe, dont on mange la tige verte ; à ne pas confondre avec l'échalote.

Parmesan
Fromage à pâte dure, sec et friable, au goût très marqué. Fabriqué à partir de lait partiellement ou totalement écrémé et affiné pendant un minimum de 12 mois. Le Parmigiano Reggiano, vieilli pendant trois ans, est l'un des plus savoureux.

Petit-lait
Vous en trouverez du frais dans le rayon laiterie des supermarchés ; il est souvent utilisé dans la cuisine nord-africaine. Le procédé de fabrication est le même que pour le yaourt ; il peut ainsi remplacer avantageusement la crème ; il donne du moelleux à la pâtisserie et sert d'assaisonnement aux crudités.

Pide
Pain turc à base de farine de blé ; pain plat et long ou petit et rond.

Piments
Il en existe toutes sortes de variétés, tant frais que sec. Mettez des gants en caoutchouc quand vous les épépinez et les coupez, car ils peuvent brûler la peau. En enlevant graines et membranes, vous les rendrez moins forts.

Piments thaïs Petits piments frais allongés rouges ou verts ; très forts.

Poudre de piments Variété asiatique la plus épicée ; à utiliser faute de piments frais à raison de 1 demi-cuillère à café de poudre pour 1 piment frais moyen haché.

Sauce aux piments douce Sauce peu épicée, du type thaï, composée de piments rouges, de sucre, d'ail et de vinaigre.

Sauce aux piments épicée Nous employons une variété chinoise composée de piments, de sel et de vinaigre.

Pitta
« Poche » de pain libanais qui se divise aisément en deux que l'on peut garnir à sa convenance.

Pois chiches
Légume rond irrégulier, couleur sable. Très courant dans la cuisine espagnole et méditerranéenne.

Pois gourmands
Ou haricots mange-tout. Se mangent entiers, crus ou cuits.

Poivre
Au citron Assaisonnement à base de grains de poivre noir, de citron, de fines herbes et d'épices.

De Cayenne À base de piments broyés ; peut remplacer les piments frais : 1/2 cuillère à café de poudre de piment (Cayenne) pour 1 piment moyen haché.

Vert Baies du poivrier, généralement vendues en saumure ou sèches. Elles ont un goût frais qui s'accommode bien avec les sauces à la moutarde ou à la crème.

Du Sichuan Poivre à petits grains brun-rouge et au goût citronné.

Poivrons
Selon qu'ils soient rouges, verts, jaunes ou violet foncé, ils n'ont pas le même goût. Veillez à retirer les graines et les membranes avant de les cuisiner.

Polenta
Semoule de maïs ; ressemble à la farine de maïs mais en plus grossier ; plat du même nom.

Pommes de terre
Longues Petites et allongées avec un léger goût de noix ; bonnes au four.

Nouvelles Il ne s'agit pas d'un type de pommes de terre particulier, mais d'une récolte précoce.

Rattes Brun clair, de la longueur d'un doigt. Au goût de noisette. Délicieuses rôties et en salade.

Roses Petites avec des yeux roses ; bonnes à la vapeur, bouillies ou au four.

Ricotta
Fromage frais italien au goût très doux. Vendu dans les magasins spécialisés et dans les grandes surfaces.

Riz
Arborio Riz à grains ronds qui absorbe bien le liquide, et donc idéal pour le risotto.

Riz au jasmin Riz à longs grains très aromatique.

Feuilles de riz Faites avec de la pâte de riz. On les plonge dans l'eau chaude pour en envelopper divers ingrédients, comme dans les rouleaux de printemps, et les consommer.

Roquette
Salade à petites feuilles sur tige, au goût poivré très prononcé. Délicieuse servie tout simplement avec un filet d'huile d'olive et du parmesan en copeaux.

Sambal oelek
Condiment fort, d'origine indonésienne, fait de piments broyés, de sel, de vinaigre et de diverses épices.

Sucre
Dans les recettes, nous avons utilisé du sucre blanc cristallisé, sauf mention contraire.

Roux Appelé aussi cassonade ; un sucre doux et fin, pas complètement raffiné.

Semoule Blanc et plus fin que le sucre cristallisé ; permet des mélanges plus fins en pâtisserie.

De palme Sucre brun foncé à base d'un jus provenant de la fleur de cocotier. Vendu en blocs durs dans les épiceries asiatiques. Cassez la quantité nécessaire et écrasez. On peut le remplacer par du sucre roux.

Glace Sucre granulé moulu contenant une petite quantité de farine de maïs (3 %).

Tikka masala
Pâte originaire d'Inde : piment, coriandre, cumin, ail, gingembre, curcuma, huile, fenouil, poivre, cannelle et cardamome.

Tofu
Pâté de soja. Blanc cassé, ressemble un peu à du lait caillé. On trouve du tofu frais dans les épiceries exotiques et au rayon diététique.

Tomates
Concentré À utiliser dans les soupes, les ragoûts et les sauces.

Olives ou Roma Tomates assez petites de forme ovale.

Poires Tomates en forme de poire, rouges ou jaunes.

Purée de tomates En conserve ou en brique ; remplace les tomates fraîches pelées et mixées.

Tomates séchées Se vendent au kilo ou en sachets (sans huile).

Vermicelle de riz
Vermicelle à la farine de riz, vendu séché dans les magasins de produits asiatiques.

Vinaigre
Balsamique Provient exclusivement de la province de Modène en Italie ; fait avec un vin local à base de raisin blanc Trebbiano ; traitement spécial et vieillissement en vieux fûts de bois pour lui donner ce goût unique, à la fois doux et mordant.

De cidre À base de pommes fermentées.

De riz À base de riz fermenté.

De vin À base de vin rouge.

De vin blanc À base de vin blanc fermenté.

De Xérès Vinaigre de vin moelleux ; tire son nom de sa couleur.

Index

Agneau
   agneau à la chermoulla 64
   agneau à la marocaine 42
   agneau tandoori 74
   salade de pâtes aux
      herbes et à l'agneau 41
   salade tiède d'agneau
      aux croûtons 62
   tartine d'agneau
      au romarin 40

Ananas
   ananas frappé
      à la menthe fraîche 9
   croustillant à l'ananas 106

Asperges
   frittata de thon
      aux asperges 50
   tartines au jambon
      et aux asperges 98

Bananes
   crêpes au sarrasin et
      bananes caramélisées 6
   nectar de banane 12

Bœuf
   bœuf au satay et
      aux nouilles hokkien 56
   nouilles sautées
      au bœuf 30
   pavé de bœuf
      aux poivrons grillés 72
   sandwich chaud
      au bœuf 32
   steaks bourguignons
      à la purée de céleri 67

Bouchées au citron et aux
   fruits de la passion 104

Brochettes de poisson
   au pesto 91

Cannelle
   pancakes pommes-cannelle
      au sirop d'érable 112

Céleri
   purée de céleri 67

Céréales
   à la moutarde 54
   soufflées aux fruits secs 54

Champignons
   gnocchis aux herbes
      et aux champignons 68
   nouilles sautées au poulet
      et aux champignons
      shiitake 44
   omelette aux champignons
      et au persil 11
   pâtes à la crème
      et aux champignons 33
   risotto aux champignons
      et aux épinards 38

Chermoulla
   agneau à la chermoulla
   salade de pois chiches 64

Chocolat
   crème au chocolat 110

Chutney
   blancs de poulet
      au chutney 86

Clafoutis de quetsches 100

Compote
   porridge à la compote
      de pommes 13

Concombre
   raïta au concombre 74

Courgettes
   poisson et courgettes
      en papillotes 94

Couscous
   blancs de poulet panés
      aux épices
      et au couscous 88

Crème au chocolat 110

Crêpes au sarrasin et
   bananes caramélisées 6

Croquettes de poisson
   à la thaïlandaise 90

Croustillant à l'ananas 106

Curry
   de petits légumes 73
   de pois chiches
      et potiron 63

Dips
   ricotta aux herbes 24
   salsa de tomates 25
   sauce au piment 25

Épinards
   risotto aux champignons
      et aux épinards 38
   veau à la moutarde, polenta
      et purée d'épinards 70

Érable (sirop d')
   pancakes pommes-
      cannelle au sirop
      d'érable 112

Figues
   pudding aux pommes
      et aux figues sèches 108

Framboises
   riz crémeux à
      la rhubarbe et
      aux framboises 102

Frittata de thon
   aux asperges 50

Fromage
   meringue à la ricotta
      et aux fruits rouges 107
   muffins à la mangue
      et à la ricotta 14
   poisson pané
      au fromage et
      aux petits légumes 92
   ricotta aux herbes 24

Fruits
   ananas frappé
      à la menthe fraîche 9
   bouchées au citron et aux
      fruits de la passion 104
   clafoutis de quetsches ... 100
   crêpes au sarrasin et
      bananes caramélisées 6
   croustillant à l'ananas ... 106
   filet de porc aux pommes
      et aux poireaux 60
   fruits rouges frappés 10
   lassi aux fruits tropicaux ... 20
   meringue à la ricotta
      et aux fruits rouges 107
   muffins à la mangue
      et à la ricotta 14
   nectar de banane 12
   oranges caramélisées 111
   pancakes pommes-cannelle
      au sirop d'érable 112
   porridge à la compote
      de pommes 13
   pudding aux pommes
      et aux figues sèches 108
   riz crémeux à la rhubarbe
      et aux framboises 102
   salade de fruits
      et yaourt au miel 8

Fruits (jus)
   délice tropical 16
   melon mania 16
   nectar de banane 12
   passion pamplemousse 16

Fruits de la passion
   bouchées au citron et aux
      fruits de la passion 104

Fruits rouges frappés 10

Fruits secs
   céréales soufflées
      aux fruits secs 54

Gnocchis aux herbes
   et aux champignons 68

Haricots
   spaghettis à la tomate et
      aux haricots blancs 77

Herbes
   gnocchis aux herbes
      et aux champignons 68
   ricotta aux herbes 24
   salade de pâtes aux
      herbes et à l'agneau 41
   tartine d'agneau
      au romarin 40

Lassi aux fruits tropicaux ... 20

Légumes (jus) 16

Légumes secs
   curry de pois chiches
      et potiron 63
   poulet aux lentilles 84
   salade de pois chiches 64

soupe de légumes
   aux lentilles rouges 26
spaghettis à la tomate
   et aux haricots blancs 77

Légumes
   curry de petits légumes 73
   filet de porc aux pommes
      et aux poireaux 60
   frittata de thon
      aux asperges 50
   nouilles sautées aux
      légumes et au tofu 76
   omelette aux champignons
      et au persil 11
   pavé de bœuf
      aux poivrons grillés 72
   poisson et courgettes
      en papillotes 94
   poisson pané au fromage
      et aux petits légumes 92
   purée de céleri 67
   purée de
      patates douces 46
   purée de pommes
      de terre 58
   ratatouille
      de légumes grillés 59
   risotto aux champignons
      et aux épinards 38
   soupe de légumes
      aux lentilles rouges 26
   soupe de pommes
      de terre, poireaux
      et petits pois 29
   tartine aux légumes 99
   tartines au jambon
      et aux asperges 98

Lentilles
   poulet aux lentilles 84
   soupe de légumes
      aux lentilles rouges 26

Mangue
   muffins à la mangue
      et à la ricotta 14

Melon
   melon mania 16

Menthe
   ananas frappé
      à la menthe fraîche 9

Meringue à la ricotta
   et aux fruits rouges 107

Miel
   poulet à la moutarde
      et au miel purée
      de patates douces 46
   salade de fruits
      et yaourt au miel 8

Moelleux au moka 103

Moka
   moelleux au moka 103

Moutarde
   céréales à la moutarde 54

117

poulet à la moutarde
    et au miel, purée
    de patates douces 46
veau à la moutarde, polenta
    et purée d'épinards 70
Muesli allégé 18
Muffins 21
Muffins à la mangue
    et à la ricotta 14
Nectar de banane 12
Nouilles
    bœuf au satay et
        aux nouilles hokkien ... 56
    nouilles sautées
        au bœuf 30
    nouilles sautées au poulet
        et aux champignons
        shiitake 44
    nouilles sautées aux
        légumes et au tofu ... 76
    phad thai 80
    soupe de nouilles
        au poulet 28
Omelette aux champignons
    et au persil 11
Oranges caramélisées 111
Pain pitta au poulet 82
Pamplemousse
    passion pamplemousse ... 16
Pancakes pommes-cannelle
    au sirop d'érable 112
Papillotes
    papillotes de poisson
        à l'aigre-douce 78
    papillotes de poisson
        à la thaïlandaise 96
    poisson et courgettes
        en papillotes 94
Patate douce
    poulet à la moutarde
        et au miel purée
        de patates douces 46
Pâtes
    gnocchis aux herbes
        et aux champignons ... 68
    pâtes à la crème
        et aux champignons ... 33
    penne aux tomates
        et au thon 37
    salade de pâtes aux herbes
        et à l'agneau 41
    spaghettis à la tomate et
        aux haricots blancs ... 77
    tagliatelle alla bolognese ... 66
Pavé de bœuf
    aux poivrons grillés 72
Penne aux tomates
    et au thon 37
Pesto
    brochettes de poisson
        au pesto 91
Petits pois
    soupe de pommes
        de terre, poireaux
        et petits pois 29

Phad thai 80
Piment
    sauce au piment 25
Poireaux
    filet de porc aux pommes
        et aux poireaux 60
    soupe de pommes
        de terre, poireaux
        et petits pois 29
Pois chiches
    curry de pois chiches
        et potiron 63
    salade de pois chiches ... 64
Poissons et fruits de mer
    brochettes de poisson
        au pesto 91
    croquettes de poisson
        à la thaïlandaise 90
    frittata de thon
        aux asperges 50
    papillotes de poisson
        à l'aigre-douce 78
    papillotes de poisson
        à la thaïlandaise 96
    penne aux tomates
        et au thon 37
    poisson et courgettes
        en papillotes 94
    poisson pané au fromage
        et aux petits légumes ... 92
    poisson pané et salade
        de tomates tiède 48
    salade de
        poulpes grillés 52
    salade de saumon aux
        pommes de terre 51
    tartines au thon
        et à la tomate 98
Poivrons
    pavé de bœuf
        aux poivrons grillés ... 72
Polenta
    veau à la moutarde, polenta
        et purée d'épinards 70
Pommes
    pancakes pommes-cannelle
        au sirop d'érable 112
    porridge à la compote
        de pommes 13
    pudding aux pommes
        et aux figues sèches ... 108
Pommes de terre
    purée de pommes
        de terre 58
    ragoût de poulet aux
        pommes de terre 83
    salade de saumon aux
        pommes de terre 51
    soupe de pommes
        de terre, poireaux
        et petits pois 29
Pop-corn à l'indienne 55
Porc
    côtes de porc
        à la ratatouille 59
    rösti au jambon et
        aux tomates cerises ... 22
    rouleaux de porc
        à la vietnamienne 34

tartines au jambon
    et aux asperges 98
Porridge à la compote
    de pommes 13
Potiron
    curry de pois chiches
        et potiron 63
Poulet
    blancs de poulet au
        chutney et riz pilaf 86
    blancs de poulet panés
        aux épices
        et au couscous 88
    nouilles sautées au poulet
        et aux champignons
        shiitake 44
    pain pitta au poulet 80
    phad thai 80
    poulet à la moutarde
        et au miel, purée
        de patates douces 46
    poulet à la thaïlandaise ... 45
    poulet aux lentilles 84
    ragoût de poulet aux
        pommes de terre 83
    soupe de nouilles
        au poulet 28
Poulpes
    salade de
        poulpes grillés 52
Pudding aux pommes
    et aux figues sèches 108
Purée
    de céleri 67
    d'épinards 70
    de patate douce 46
    purée de pommes
        de terre 58
Quetsches
    clafoutis de quetsches ... 100
Ragoût de poulet
    aux pommes de terre ... 83
Ratatouille
    de légumes grillés 59
Rhubarbe
    riz crémeux à la rhubarbe
        et aux framboises 102
Ricotta
    meringue à la ricotta
        et aux fruits rouges 107
Risotto aux champignons
    et aux épinards 38
Riz
    crémeux à la rhubarbe
        et aux framboises 102
    frit 36
    riz pilaf 86
    risotto aux champignons
        et aux épinards 38
Rösti au jambon
    et aux tomates cerises ... 22
Rouleaux de porc
    à la vietnamienne 34
Salade
    de fruits et yaourt
        au miel 8

de pâtes aux herbes
    et à l'agneau 41
de pois chiches 64
de poulpes grillés 52
de saumon aux
    pommes de terre 51
d'agneau aux croûtons 62
salade de
    tomates tiède 48
Sandwich chaud
    au bœuf 32
Soupe
    de légumes
        aux lentilles rouges ... 26
    de nouilles au poulet ... 28
    de pommes de terre,
        poireaux
        et petits pois 29
Spaghettis à la tomate
    et aux haricots blancs 77
Steaks bourguignons
    à la purée de céleri 67
Tagliatelle
    alla bolognese 66
Tartine
    aux légumes 99
    d'agneau au romarin 40
    au jambon
        et aux asperges 98
    au thon et à la tomate ... 98
Thon
    frittata de thon
        aux asperges 50
    penne aux tomates
        et au thon 37
    tartines au thon
        et à la tomate 98
Tofu
    nouilles sautées aux
        légumes et au tofu ... 76
Tomate
    penne aux tomates
        et au thon 37
    poisson pané et salade
        de tomates tiède 48
    rösti au jambon et
        aux tomates cerises ... 22
    salsa de tomates 25
    spaghettis à la tomate
        et aux haricots blancs 77
    tartines au thon
        et à la tomate 98
Veau
    escalopes de veau panées,
        purée de pommes
        de terre 58
    veau à la moutarde, polenta
        et purée d'épinards 70
Yaourt
    raïta au concombre 74
    salade de fruits
        et yaourt au miel 8

Préparer votre bouillon maison

Ces recettes peuvent être préparées quatre jours à l'avance et conservées, à couvert, au réfrigérateur. Enlevez la graisse en surface quand vous sortez le bouillon refroidi. Pour le conserver plus longtemps, congelez-le dans plusieurs petits récipients.

On peut aussi se procurer du bouillon en boîte et en berlingots, ou bien en utiliser en cubes ou en poudre. Sachez qu'une cuillérée à thé de bouillon en poudre ou un petit cube écrasé mélangé à 250 ml d'eau donnera un bouillon relativement fort. Prenez garde au sel et aux graisses contenus dans ces préparations toutes faites.

Toutes les recettes de bouillon figurant ci-dessous donnent environ 2,5 litres.

Bouillon de bœuf

2 kg d'os de bœuf garnis de viande
2 oignons moyens (300 g)
2 branches de céleri, émincées
2 carottes moyennes (250 g), tranchées
3 feuilles de laurier
2 c. c. de poivre noir
5 l d'eau
3 l d'eau, supplémentaires

Mettez les os et les oignons hachés non pelés dans un plat allant au four. Faites cuire à four chaud 1 heure environ, ou jusqu'à ce que os et oignons soient bien brunis. Transférez-les dans une grande casserole, ajoutez le céleri, les carottes, les feuilles de laurier, le poivre et l'eau. Laissez mijoter, sans couvrir, 3 heures. Ajoutez le reste de l'eau, faites frémir encore 1 heure sans couvrir. Passez.

Bouillon de poule

2 kg d'os de poulet
2 oignons moyens (300 g), émincés
2 branches de céleri, tranchées finement
2 carottes moyennes (250 g), tranchées finement
3 feuilles de laurier
2 c. c. de poivre noir
5 l d'eau

Mélangez tous les ingrédients dans une grande casserole. Laissez mijoter 2 heures sans couvrir. Passez.

Bouillon de poisson

1,5 kg d'arêtes de poisson
3 l d'eau
1 oignon moyen, émincé
2 branches de céleri, tranchées finement
2 feuilles de laurier
1 c. c. de poivre

Mélangez tous les ingrédients dans une grande casserole. Laissez mijoter, sans couvrir, 20 minutes. Passez.

Bouillon de légumes

2 grosses carottes (360 g), tranchées
2 gros navets (360 g), tranchés
4 oignons moyens (600 g), tranchés
12 branches de céleri, tranchés
4 feuilles de laurier
2 c. c. de poivre noir
6 l d'eau

Mélangez tous les ingrédients dans une grande casserole. Faites mijoter 1 h 30 sans couvrir. Passez.

• MARABOUT CHEF •

Traduction et adaptation de l'anglais par :
Valérie Morlot et Élisabeth Boyer

Packaging :
Domino

Relecture :
Aliénor Lauer

Marabout
43, quai de Grenelle – 75905 Paris Cedex 15

Publié pour la première fois en Australie
en 2001 sous le titre :
Good food fast

© 2001 ACP Publishing Pty Limited.
© 2001 Marabout pour la traduction et l'adaptation.

Tous droits de traduction, d'adaptation et de reproduction réservés
pour tous pays par quelque procédé que ce soit.

Dépôt légal n° 70522 / mai 2006
ISBN : 2501047958
40.9728.3/01

Imprimé en Espagne par
Gráficas Estella.